À plus!
Nouvelle édition

3

W0087608

101
Grammatikübungen

Du findest alle **Lösungen** online unter
www.cornelsen.de/webcodes.
Gib dort APLU-1768 ein.

Vokabeltrainer-App

*Verfügbar für: iOS, Android
und Windows Phone*

Cornelsen

À plus! 3 *Nouvelle édition*
101 Grammatikübungen

Erarbeitet von: der Redaktion Französisch
Sophie Ortiz-Vobis, Manon Jeanningros

Illustrationen: Laurent Lalo
Umschlaggestaltung: Werkstatt für Gebrauchsgrafik
Layout und technische Umsetzung: graphitecture book & edition

Wenn du dir bei einem Kapitel unsicher bist, schlage in deinem Grammatikheft nach.

Du findest alle **Lösungen** online unter www.cornelsen.de/webcodes. Gib dort APLU-1768 ein.

www.cornelsen.de

1. Auflage, 3. Druck 2020

© 2017 Cornelsen Verlag GmbH, Berlin

Druck: Athesiadruck GmbH

ISBN 978-3-06-122176-8

PEFC zertifiziert
Dieses Produkt stammt aus nachhaltig bewirtschafteten Wäldern und kontrollierten Quellen.
www.pefc.de

PEFC/18-31-166

VOLET 1

Le pronom *y* | **Das Pronomen** *y* (nicht für Bayern)

Du ersetzt Ortsangaben:

On **y** va en voiture.

➡ Dazu brauchst du:

das Pronomen *y*

Réponds aux questions. Utilise le pronom *y*.

– Est-ce que les élèves sont

dans la cour?

– Oui, ils _____ sont.

– Est-ce que mon livre est

sur ton bureau?

– Non, il n'_____ est pas.

Tu vas souvent aux Halles?

J'y vais toujours quand je veux acheter des vêtements.

1 **Retrouve l'ordre des mots et écris les phrases.**

1. la • natation • y • va • faire • de • On • pour

_____

2. sympas • trouve • y • beaucoup d' • On • informations

_____

3. y • On • glace • une • manger • va • pour

_____

4. Les • jouent • y • gens • foot • au

_____

_____

5. courses • va • pour • y • les • Mon • père • faire

_____

_____

6. y • pour • enfants • vont • Les • chanter

_____

Grammaire mixte

2 **Fais d'abord les phrases. Puis relie les questions aux réponses.**

On prend le métro pour aller **A**
au stade?

Qu'est-ce qu'on peut faire au **B**
Louvre?

Le rendez-vous est à quelle **C**
heure?

Pourquoi est-ce qu'il passe **D**
au stade?

Qu'est-ce qu'on mange dans **E**
ce restaurant?

Vous allez à la piscine **F**
dimanche?

1 au • y • tartines • des •
proposent • fromage • Ils

2 préfère • à • aller • Non, • je •
y • pied

3 célèbres • voir • On • très • y •
tableaux • des •peut

4 du • y • ses • Il • copains • foot
• retrouve

5 dix • heures • faut • à • Il •
être • y

6 est • Non, • allés • hier • y • on

1. _____

_____ ☐

2. _____

_____ ☐

3. _____ ☐

4. _____ ☐

5. _____ ☐

6. _____ ☐

L'imparfait | Das *imparfait*

Du sprichst von früher:

Le Louvre n' pas un musée.

➡️ **Das** *imparfait*

Dazu brauchst du:

Complète.

parler (alle Verben auf *-er*)

je   parlais

tu

il/elle/on

nous

vous

ils/elles

être

j'

tu

il/elle/on

nous

vous

ils/elles

finir (alle Verben auf *-ir*)

je   finissais

tu

il/elle/on

nous

vous

ils/elles

avoir

j'

tu

il/elle/on

nous

vous

ils/elles

Avant, je finissais mes devoirs en retard.

1 Complète.

présent	imparfait	infinitif
on _____	nous _____	jouer
nous commençons	nous _____	_____
nous choisissons	elles _____	_____
elles _____	tu sortais	_____
vous ouvrez	nous _____	_____
tu apprends	nous _____	_____
nous _____	je pouvais	_____
je _____	nous _____	venir
tu _____	nous _____	avoir
nous sommes	vous _____	_____
nous _____	nous bougions	_____
nous faisons	nous _____	_____
ils veulent	il _____	_____
je dois	elle _____	_____

2 Entoure la forme correcte de l'*imparfait*. Puis note l'infinitif.

Autrefois, les enfants n'allait / allaient / allais pas à l'école en bus. _____

1. Nous avions / avaient / avait toujours peu de vacances. _____

2. À l'époque, les enfants deviez / devais / devaient aider leurs parents après l'école. _____

3. Fin août, j'étions / était / étais triste parce que

c'était / étais / étaient la fin des vacances d'été.

_____

_____

4. L'école commençaient / commençait / commençais

en septembre.

_____

3 **Complète par les verbes à l'*imparfait*.**

aller – regarder – s'amuser – lire – jouer – habiter – être (2 x)

1

Pendant les vacances, j'_____ tous les jours chez mon

meilleur copain. On _____ dans la même rue,

c'_____ pratique. Nous _____ la télé et nous

_____ à l'ordinateur. On s'_____ bien.

2

Est-ce que vous _____ un peu aussi?

3

Non, pas beaucoup. Les livres, c'_____ surtout pour l'école.

4 Complète par les formes des verbes à l'*imparfait*.

1. Tout le monde _____ (*être*) là et _____

   (*attendre*) le feu d'artifice.

2. Qu'est-ce que vous _____ (*faire*) quand vous

   _____ (*avoir*) le temps?

3. Quand nous _____ (*habiter*) en Bretagne, nous

   _____ (*manger*) beaucoup de poisson.

4. Quand j'_____ (*être*) petit, mon frère

   Yann et moi _____ (*faire*) du tennis.

   J'_____ (*adorer*) ce sport, mais mon

   frère _____ (*détester*) ça. Le mercredi,

   on _____ (*aller*) au club de tennis. Quand

   il y _____ (*avoir*) des matchs, je _____ (*gagner*)

   souvent, mais Yann _____ (*perdre*) presque toujours.

Grammaire mixte

5 a Retrouve les expressions de temps.

1. | u | n | d | q | a |

   _____

2. | t | r | e | a | u | f | o | i | s |

   _____

3. | v | e | n | t | s | o | u |

   _____

4. | é | t | é | l' | _____

5. | l | e | t | o | u | t | s | e | p | m | t | _____

6. | o | û | t | a | f | i | n | _____

b **Complète par les formes des verbes à l'*imparfait* et les expressions de temps de a.**

> _____ (*Früher*), mes parents _____
>
> (*travailler*) beaucoup et ils _____ (*avoir*) peu de vacances.

1. _____ (*Im Sommer*), nous _____ (*partir*) chez

   nos grands-parents qui _____ (*habiter*) au bord de la

   mer et nous y _____ (*rester*) trois mois.

2. Nous _____ (*aller*) _____

   (*die ganze Zeit*) à la plage.

3. _____ (*Oft*), on y _____ (*retrouver*)

   des copains et nous _____ (*s'amuser*).

4. _____ (*Wenn*) mes parents _____ (*arriver*), on

   n'_____ (*être*) pas contents.

5. _____ (*Ende August*), les vacances _____ (*finir*)

   et on _____ (*rentrer*) à la maison.

VOLET 2

Le verbe irrégulier *courir* | Das unregelmäßige Verb *courir*

Du sagst, dass du rennst:

Tous les matins, je cours pour ne pas rater le métro. ➡ Dazu brauchst du:

das Verb *courir*

Complète.

courir (rennen)

Je	_____	toute la journée.
Tu	_____	dans le parc.
Il/Elle/On	_____	demain.
Nous	_____	vite.
Vous	_____	souvent?
Ils/Elles	_____	jusqu'au collège.
impératif	_____	_____ _____
imparfait	je _____	
passé composé	j' _____	

J'ai couru depuis la maison.

---

1 Complète par les formes du verbe *courir* au présent, à l'imparfait et au passé composé.

1. **Anouk:** Avant, je _____ tous les samedis. Maintenant, je _____ le dimanche. Et vous?

2. **Marie:** Ben et moi, nous nous entraînons pendant la semaine: nous _____ tous les mardis et les vendredis.

➡➡➡

3. **Anouk:** Pas mal! Vous _____ seuls ou avec des copains?

4. **Ben:** Le mardi, on _____ tout seuls. Le vendredi, on

s'entraîne avec deux amis qui _____déjà depuis cinq ans.

5. **Marie:** Et toi, Anouk? Tu _____ toujours toute seule?

On pourrait _____ ensemble, ce soir.

6. **Anouk:** Ah non, pas ce soir. J'_____ déjà _____ hier!

Grammaire mixte

2 Choisis le verbe et complète.

1. Vous _____ (partir / sortir • *imparfait*) en Allemagne pendant

les vacances?

2. Julien, s'il te plaît, _____ (sortir / partir • *impératif*) de la salle

de bain!

3. Pourquoi est-ce que tu _____ (courir / venir •

imparfait) tout le temps?

4. On _____ (aider / vouloir • *passé composé*)

les enfants qui _____ (dormir / venir • *imparfait*) dans

la rue!

5. Tu _____ (courir / venir • *imparfait*) souvent chez moi.

6. Ce matin, elle _____ (dormir / partir • *passé composé*) à

sept heures pour le lycée.

7. Vous _____ (dormir / venir • *présent*) encore!

8. Est-ce que vous _____

(dire / courir • *présent*) demain?

9. Nos grands-parents _____

_____ (courir / venir •

passé composé) pour une semaine.

3 a **Note les verbes à l'infinitif.**

> pouvions – court – agissions – sommes venus – avons choisi – écrit –
> réfléchis – avons applaudi – veux – a été – décidiez – connaît

_____

_____

_____

_____

b **Complète avec les verbes de a à l'impératif, à l'imparfait, au présent ou au passé composé.**

www.bonjour.fr   ✕

Le blog de Lara

Le mois dernier, j'_____ de participer à

«la course du carrefour». C'est un projet pour gagner de l'argent

pour un club de notre quartier.

Il y avait un poster au collège: «Vous _____ savoir si vous

_____ changer le monde? Ne _____ plus

et _____»!

J'_____ alors _____ d'y aller parce que courir,

j'adore. Je m'entraîne presque tous les jours avec mon copain Victor.

On _____ depuis des mois ensemble. Alors,

j'_____ un message à Victor. Mais cette fois, il

n'_____ pas _____ avec moi parce qu'il

_____ malade. Quand même, il _____

notre équipe.

Avec ce projet, nous _____ la solidarité.

VOLET 3

Imparfait et passé composé | *Imparfait* **und** *passé composé*

> Du erzählst eine Geschichte in der Vergangenheit:
>
> Hier, je faisais mes devoirs comme d'habitude. Tout à coup, mon portable a sonné.
>
> Dazu brauchst du:
>
> → *imparfait* **und** *passé composé*

Complète avec les formes des verbes au *passé composé* **(▲) et à l'***imparfait* **(■).**

1. Comme tous les matins, Jean _____ ■

   (*être*) dans son lit. Il _____ ■ (*écouter*)

   la radio.

2. Il ne _____ ■ (*vouloir*) pas

   se lever.

3. Tout à coup, son portable _____ ▲ (*sonner*).

4. Alors, Jean _____ ▲ (*prendre*) son portable et il

   _____ ▲ (*répondre*).

Merke:

1. Parallel verlaufende Handlungen → imparfait (■)
   Madame Duval était (■) au bord de la piscine. Elle écoutait (■) la radio et elle rêvait. (■)

2. Während eine Handlung verläuft, setzt eine andere Handlung ein.
   → imparfait (■) + passé composé (▲)
   Je jouais (■) avec Martin. Tout à coup, il a eu (▲) une idée géniale.

3. Handlungskette: Eine Handlung folgt auf eine andere – bereits abgeschlossene – Handlung. → passé composé (▲)
   Madame Duval s'est levée (▲) et son portable est tombé (▲) dans l'eau.

1 Lis les phrases et souligne les verbes. Quand est-ce que l'action commence? Coche dans le tableau.

> **A** parallel verlaufende Handlungen in der Vergangenheit → imparfait

> **B** Handlung setzt plötzlich ein → imparfait + passé composé

> **C** Handlung folgt auf eine andere abgeschlossene Handlung → passé composé

	A	B	C
1. Quand nous sommes arrivés, Gilou était déjà devant son ordinateur.	☐	☐	☐
2. Il jouait à un jeu vidéo, mangeait une tartine et écoutait de la musique.	☐	☐	☐
3. Nous, on est allés dans ma chambre et on a fait nos devoirs.	☐	☐	☐
4. On rigolait bien quand, tout à coup, Gilou a crié.	☐	☐	☐
5. On s'est levés et on est descendus.	☐	☐	☐
6. Gilou était toujours devant son ordinateur, mais il ne jouait plus.	☐	☐	☐
7. Il lisait un message et riait.	☐	☐	☐

2 Lis le texte et entoure la forme du verbe qui convient.

Dimanche, tout était / a été tranquille à la maison:

Adrienne rangeait / a rangé sa chambre, Luc

s'entraînait / s'est entraîné pour son interro d'anglais

et Maman lisait / a lu le journal dans le salon. Moi, j'écoutais / j'ai écouté

la radio dans ma chambre. Tout à coup, j'entendais / j'ai entendu un grand

bruit et Adrienne criait / a crié. On allait / est allés dans sa chambre et on

voyait / a vu la catastrophe! Il y avait / a eu de l'eau partout et le poisson

rouge d'Adrienne nageait / a nagé sous le bureau.

3 Forme les phrases. Utilise l'*imparfait* **et le** *passé composé*.

1. je • regarder les photos de mon stage • on •
   sonner à la porte

   _____

   _____

   quand _____

   _____

2. je • mettre • table • grand-mère • entrer • salle de séjour

   _____

   quand _____

3. on • être • à table • mère • proposer de faire une balade

   _____

   quand _____

4. je • parler avec le chef • mon frère • entrer dans le magasin

   _____

   quand _____

5. nous • traverser le champ •
   un taureau • venir vers nous

   _____

   _____

   quand _____

6. Nicolas • lire une histoire aux enfants • Claire • tomber du lit

   _____

   quand _____

7. Lucie et Rose • marcher au bord de la piscine • Théo • appeler

   _____

   quand _____

Grammaire mixte

4 Complète le texte avec les formes des verbes à l'*imparfait* ou au *passé composé* et les *adjectifs*. **Pense à l'accord.**

> branché – touristique – petit – haut – grand – vieux – classique – calme – seul – bleu

C'_____

(*être*) la nuit, une

_____

nuit d'hiver. Il

_____

(*faire*) froid et il n'y

_____ (*avoir*) personne dans les rues de notre

_____ ville _____. À minuit, un homme

_____ (*sortir*) du _____ château.

Il _____ (*traverser*) la _____ place. Il

_____ (*être*) _____ et

_____ (*porter*) une veste _____ assez

_____.

Il _____ (*avoir*) l'air en retard. Deux minutes plus tard, il

_____ (*arriver*) devant une maison d'un style plutôt

_____. Elle _____ (*être*) fermée.

L'homme _____ (*dire*) quelque chose. Alors quelqu'un

_____ (*ouvrir*) la _____ porte et l'homme

_____ (*disparaître*) très vite.

Solutions:
www. cornelsen. de /codes
Code : APLU – 1768

Le verbe irrégulier *construire* | Das unregelmäßige Verbe *construire*

Weitere Verben:

Gustave Eiffel **a construit** la tour qui porte son nom.   **das unregelmäßige Verb**
construire

Complète.

constuire (bauen)

je	__construis__
tu	_____
il/elle/on	_____
nous	_____
vous	_____
ils/elles	_____
impératif	_____ _____ _____
imparfait	je _____
passé composé	j' _____

> On construit une maison.

1 **a** Trouve les six formes du verbe *construire* et les six adjectifs cachés dans la grille.

N	O	U	V	E	A	U	B	A	L	N	É	A	I	R	E	S	A	L	E	T
A	R	I	C	O	N	S	T	R	U	I	R	E	R	A	N	T	R	E	J	E
T	B	E	A	U	X	A	E	S	R	C	O	N	S	T	R	U	I	S	O	I
U	C	O	N	S	T	R	U	I	S	E	N	T	A	U	T	R	E	S	L	E
R	O	M	A	I	N	E	S	E	C	O	N	S	T	R	U	I	S	A	I	T
E	R	A	C	O	N	S	T	R	U	I	T	E	N	T	E	S	A	T	E	T
S	O	U	M	I	T	E	C	O	N	S	T	R	U	I	S	I	E	Z	A	E

b Complète les phrases avec les éléments de a.

1. Des ingénieurs _____ un _____ pont dans ma ville.

2. Il _____ des stations _____ partout.

3. Qui _____ les arènes _____?

4. Pourquoi est-ce que la ville veut _____ deux

   _____ supermarchés?

5. Vous _____ souvent les plus

   _____ châteaux sur la plage?

6. Je _____ cette _____ maison pour mes parents.

Le verbe irrégulier *suivre* | Das unregelmäßige Verb *suivre* (nicht für Bayern)

Weitere Verben:

La police **a suivi** la voiture des gangsters. ➡️ **das unregelmäßige Verb** *suivre*

Complète.

suivre (folgen)

je	suis
tu	_____
il/elle/on	_____
nous	_____
vous	_____
ils/elles	_____
impératif	_____ _____ _____
imparfait	je _____
passé composé	j' _____

Attention! Il te suit!

1 **a** Complète les phrases par une forme du verbe *suivre*.

1. Il la _____ comme un chien.

(*présent*)

2. Je suis un chien et je _____ un chat.

(*présent*)

3. _____-moi. (*impératif*)

4. Les policiers _____ un bandit. (*passé composé*)

5. Nous _____ la voiture. (*imparfait*)

6. Mais pourquoi est-ce que ces deux types nous _____? (*présent*)

b À quelle phrase de **a** correspond chaque dessin? Note le numéro.

Grammaire mixte

2

○

Complète les phrases avec la forme correcte des verbes *construire*, *gagner*, *suivre*, *devoir*, *connaître*, *prendre* **ou** *perdre*. **Puis mets les phrases du dialogue dans le bon ordre.**

□ – Tu _____ la solution: _____ sa place!

□ – C'est à cause de l'entraîneur! Il n'_____ pas _____ une équipe assez forte.

□ – Le match? Bien sûr! L'Italie _____ 3 à 1 contre la France.

□ – Pas du tout! À mon avis, le problème, c'est le gardien.

   Il _____ être plus rapide.

□ – Et donc la France _____ pour la troisième fois. C'est nul!

□ – Tu _____ le match de foot hier soir?

- -

Überprüfe deine Lösungen. Du findest alle Lösungen online unter www.cornelsen.de/webcodes. Gib dort APLU-1768 ein.

VOLET 1

Les adverbes en *-ment* | **Die Adverbien auf** *-ment*

Du sagst, wie du etwas machst:

On parle ouvertement.

Dazu brauchst du:

→ **Adverbien**

Complète.

facile _____

normal/e _____

heureux/-euse _____

Il fait du skate dangereusement.

1 a **Complète le tableau.**

adverbe	adjectif féminin	adjectif masculin
_____	_____	drôle
courageusement	_____	_____
_____	_____	normal
_____	_____	naturel
_____	vraie	_____

b **Retrouve pour chaque adverbe de a son équivalent.**

normalerweise – mutig – ziemlich, ganz schön – wirklich – natürlich

_____

_____

c Complète les phrases par un adjectif de **a** et son adverbe.

1. Quand je suis en France, c'est _____ de parler français.

   Mais _____, je parle allemand.

2. Marie-France est une _____ amie pour moi.

   Elle m'accepte _____ comme je suis.

3. Ce n'est pas _____ de perdre la confiance

   d'un ami. Luc est _____ déçu.

4. Entre Iris et moi, il y a une confiance _____.

   Nous nous sentons _____ bien ensemble.

5. Mon petit frère est super _____: il prend souvent

   _____ ma défense.

2 **Choisis le bon adverbe et complète les phrases.**

schnell – leider – furchtbar – in aller Ruhe – offen

1. Après le ciné, on est rentrés à la maison.

   → _____

   _____

2. Je parle de mes problèmes avec ma grand-mère.

   → _____

   _____

3. Ma cousine est en retard.

   → _____

   _____

4. Ma corres répond à mes mails.

   → _____

5. Ma meilleure amie n'habite plus le quartier.

   → _____

Grammaire mixte

3 Complète les phrases avec l'adjectif ou l'adverbe. Pense à l'accord de l'adjectif.

gefährlich – glücklich – gut (2 x) – richtig – schlecht

Attention, ce sport est

_____.

Elle est _____ parce

qu'elle va aller à Paris.

Il fait trop _____ pour

sortir mais, _____,

il y a un _____ film.

Notre train est en retard, c'est une

_____ catastrophe.

Est-ce que tu parles

_____ français?

Elle est _____ sympa,

ta corres!

Le verbe irrégulier *décevoir* | Das unregelmäßige Verb *décevoir*

Du sprichst über Enttäuschung:

Je n'**ai** pas **déçu** mon entraîneur. ➡ **das unregelmäßige Verb** *décevoir*

Dazu brauchst du:

Complète.

décevoir (enttäuschen)

Je t'ai déçu?

je _____

tu _____

il/elle/on _____

nous _____

vous _____

ils/elles _____

impératif _____   _____   _____

imparfait   je _____

passé composé   j' _____

Grammaire mixte

1 **Complète avec les formes des verbes** *décevoir, aller, falloir, entendre, devoir, pouvoir* **et** *prendre* **au temps qui convient.**

1. Je pense que j'_____ mon meilleur ami hier.

2. Il ne _____ jamais baisser les bras!

3. Tous les matins, elle _____ des tartines de confitures.

4. Vous _____ parler plus fort, s'il vous plaît?

5. Nous _____ partir maintenant sinon nous

_____ rater le train.

VOLET 2

Les adjectifs en *-al* | Die Adjektive auf *-al*

Weitere Adjektive		Dazu brauchst du:
Ces photos sont très **originales**.	→	**die Adjektive auf** *-al*

Complète.

un livre génial

→ des films _____

une actrice géniale

→ des histoires _____

Cette actrice est géniale!

1 **Coche la case correspondante.**

	masc. sing.	masc. pl.	fém. sing.	fém. pl.
géniale	☐	☐	☐	☐
normaux	☐	☐	☐	☐
original	☐	☐	☐	☐
idéales	☐	☐	☐	☐
royale	☐	☐	☐	☐

Grammaire mixte

2 **a** Retrouve les adjectifs.

1. | p | r | s | t | i | f | o | _____

2. | l | g | a | i | r | n | o | i | _____

3. | a | b | u | e | _____

4. | a | n | t | r | e | u | l | _____

5. | i | e | x | u | v | _____

6. | p | l | o | i | c | i | r | e | _____

7. | x | u | f | u | i | r | e | _____

8. | e | v | u | a | n | u | o | _____

b Complète par un adjectif de **a**. Pense à l'accord.

1. J'ai trouvé de _____

cadeaux _____ dans la

boutique de Martine.

2. Mon entraîneur est

_____ chaque fois que

j'arrive en retard au stade.

3. Mes copines qui jouent dans une

équipe de handball sont très _____.

4. Tu as regardé la _____ série _____ hier soir?

5. Dans cette pièce, les _____ acteurs sont plus

_____ que les jeunes.

Le complément avec l'infinitif | Die Infinitivergänzungen der Verben

Weitere Ergänzungen:

Julie `préfère` `prendre` sa douche le soir.
Vous `commencez à` `m'énerver`!
Il n'`arrête` pas `de` me `regarder`!

 → **die Infinitivergänzung der Verben**

Complète à l'aide de la liste des mots de ton manuel.

> qc = quelque chose – qn = quelqu'un – inf.= infinitif

aimer _____

apprendre _____

aider _____

arrêter ___*de + infinitif*___

Je les aide à rentrer.

Merke: Am besten legst du dir Listen an und lernst sie auswendig.

verbe + infinitif	verbe + à + infinitif	verbe + de + infinitif
aimer	apprendre à	rêver de
détester	...	...

1 **Traduis les phrases. Utilise *de/d'* si nécessaire.**

1 Hör bitte auf zu schreien.

2 Was hast du entschieden zu tun?

1. _____

2. _____ →→→

3. _____

4. _____

2   **Complète par la préposition *à* si nécessaire.**

1. Leila aide Sophie _____ faire ses devoirs.

2. Marc espère _____ rentrer avant la nuit.

3. Manon a appris _____ jouer du piano.

4. Igor passe son temps _____ surfer.

3   **Choisis la préposition *à* ou *de/d'*.**

1. Est-ce que tu vas réussir _____ (de • à) lui parler?

2. Je voudrais apprendre _____ (de • à) dessiner.

3. Essaye _____ (de • à) lui expliquer notre problème.

4. Il rêve _____ (de • à) visiter Paris.

Grammaire mixte

4   **Fais les phrases.**

1. de • avec • Lola • faire • la • amis • musique • aimait • ses

_____

_____

2. ne • surfer • de • Internet • arrêter • veut • Zoé • pas • sur

_____

_____

3. cartes • a • à • Jérôme • à • aux • sœur • jouer • appris • sa

_____

_____

4. la • Théo • tente • à • arrivé • monter • est

_____

_____

5. faut • prof • Il • écouter • la

_____

6. maison • à • aide • son • ranger • Philippe • père • la

_____

7. à • préparer • copine • ta • Propose • gâteau • de • un

_____

5 **Complète par** _à_ **ou** _de/d'_ **si nécessaire et conjugue les verbes au temps indiqué.**

1. Cet été, je _____ (_passer son temps – présent_)

_____ faire du sport.

2. On _____ (_décider – passé composé_) _____ aller trois fois

par semaine à la piscine.

3. J'_____ (_interdire – passé composé_)

à Yann _____ préparer la salade.

4. Ils _____ (_ne pas apprendre – passé composé_)

_____ vivre ensemble.

5. M. Pennac _____ (_décider – passé composé_) _____ passer

ses vacances en Allemagne.

6. Nous _____ (_préférer – imparfait_) _____ regarder la télé le soir.

7. Mes parents _____ (_vouloir – imparfait_) _____ acheter une

nouvelle maison.

Le pronom relatif *lequel* | Das Relativpronomen *lequel*

Ein weiteres Relativpronomen

C'est le copain **avec lequel** je suis parti en France.

→ das Relativpronomen *lequel*

Complète. Utilise *lequel, laquelle, lesquels* **et** *lesquelles*.

1. Voilà la Place Rouge sur _____ j'ai rencontré Nathalie.

2. Le prof avec _____ on s'entraîne est sympa.

3. Les corres pour _____ on fait cette vidéo arrivent ce soir.

4. Les boutiques dans _____ tu fais ton shopping sont trop chères.

Merke:

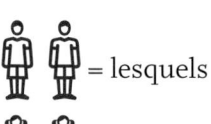

= lequel

= lesquels

= laquelle

= lesquelles

> Tu connais déjà les pronoms relatifs «qui», «que» et «où».

> On a trouvé un endroit dans lequel on peut faire du camping.

1 Choisis la forme du pronom relatif *lequel* qui convient.

---

www.copainscopines.fr   ✕

BLOG: Non à la violence!

La violence est un problème contre

_____ (lequel • **lesquelles**)

il faut agir.

---

1. J'ai enfin trouvé le magazine après _____ (lesquelles • **lequel**) je cours depuis des semaines.

2. L'Italie est le pays dans _____ (lesquels • **lequel**) je voudrais vivre.

3. J'ai passé six mois en Allemagne pendant _____ (lequel • **lesquels**) j'ai beaucoup appris. Là-bas, j'ai rencontré des jeunes avec _____ (lequel • **lesquels**) on a visité beaucoup de choses. Nous sommes allés à Potsdam, la ville dans _____ (lequel • **laquelle**) se trouve le château de Sanssouci.

4. J'ai beaucoup d'amis avec _____ (**lesquels** • lesquelles) je joue souvent en ligne.

5. Rennes, c'est la ville dans _____ (lequel • **laquelle**) mes parents se sont rencontrés.

6. Le programme Sauzay est un programme avec _____ (laquelle • **lequel**) on peut aller en France.

7. Est-ce que tu connais les filles entre _____ (lesquels • **lesquelles**) Fabien est assis[1]?

8. Le livre avec _____ (lesquels • **lequel**) j'apprends le français s'appelle *À plus!*

1 **être assis/e** sitzen

Grammaire mixte

2

Complète les phrases par les pronoms relatifs *qui*, *que*, *où* **et une forme du pronom relatif** *lequel*.

Voltaire, _____ tout le monde connaît aujourd'hui, a vécu au XVIIIe siècle. Il a écrit des textes dans _____ il se moquait du pouvoir. L'époque à _____ il a vécu était difficile pour les auteurs comme lui. Son exil[1] en Angleterre est une époque de sa vie pendant _____ il a rencontré des personnes importantes. À Potsdam, _____ il a passé trois ans, Voltaire a rencontré Frédéric II pour _____ il avait beaucoup d'amitié et avec _____ il a eu beaucoup de discussions. Frédéric II, _____ aimait beaucoup la musique, jouait très bien de la flûte.

1 **l'exil** *m.* Exil

Le verbe irrégulier *plaire* | Das unregelmäßige Verb *plaire*

Du sagst, dass dir etwas/jemand gefällt:

Notre livre de français me **plaît** trop.
Est-ce que le film t'**a plu**?

➡️ Dazu brauchst du:

das unregelmäßige Verb *plaire*

Complète.

plaire à qn (jdm gefallen)

je _____

tu _____

il/elle/on _____

nous _____

vous _____

ils/elles _____

impératif _____ _____ _____

imparfait je_____

passé composé j'_____

> Ta chemise me plaît trop!

---

1 **Complète les phrases avec une forme du verbe** *plaire*.

1. Arrête la musique, s'il te _____, le bébé dort.

2. Mais les chansons de Cabrel lui _____!

3. Quand j'étais chanteur, avec mes copains, nous

   _____ beaucoup à nos fans.

4. Tu ne _____ pas du tout à ma mère avec tes cheveux verts!

5. Je ne comprends pas pourquoi le film ne lui _____ pas _____.

6. Est-ce que vous vous _____ dans votre nouveau quartier?

Le verbe irrégulier *rire* | Das unregelmäßige Verb *rire*

Weitere Verben

Pendant le film **j'ai** beaucoup **ri**. ➡ **das Verb** *rire*

Complète.

rire (lachen)

je _____

tu _____

il/elle/on _____

nous _____

vous _____

ils/elles _____

impératif _____ _____ _____

imparfait je_____

passé composé j'_____

Les copains ont ri toute la soirée.

---

1 **Complète ce poème avec les formes du verbe *rire*.**

Matin et soir, idées bleues ou noires,

Moi, je _____,

T'as des copains drôles, tu te sens

    bien,

Alors _____ fort et haut.

Vive la vie! C'est bon d'avoir des amis

Avec qui on _____

    toujours _____!

Nous, on a un porte-bonheur,

Nous _____ même de nos

    problèmes.

Vous, au ciné, pendant la récré,

Est-ce que vous _____?

Et nos parents, à quinze ans,

Est-ce qu'ils _____

    souvent?

Grammaire mixte

2 **Complète. Utilise les verbes** *courir*, *rire*, *partir* **et** *sortir*.

1. L'été dernier, les filles _____

   tous les soirs sur la plage pour s'entraîner.

2. Même après son accident, Nico _____ toujours très vite.

3. Quand Isa raconte une blague, c'est difficile de ne pas _____.

4. Marie ne _____ jamais le soir, elle préfère rester chez elle.

5. Vous avez raté votre train! C'est parce que vous _____ trop tard.

6. Parce que le film était très drôle, on _____ tout le temps.

Le verbe irrégulier *savoir* | Das unregelmäßige Verb *savoir*

Du sagst, dass du etwas weißt:

Il **a** toujours **su** qu'il allait réussir.   ➡   **das Verb** *savoir*

Dazu brauchst du:

Complète.

savoir (wissen)

je   _____

tu   _____

il/elle/on   _____

nous   _____

vous   _____

ils/elles   _____

impératif   _____   _____   _____

imparfait   je _____

passé composé' j' _____

Je sais tout!

1 **a** Retrouve les formes du verbe *savoir*.

aisusavaissavonssavoirsaitsaissaissemovssavoirsaivaissais

b Complète les phrases avec la forme du verbe *savoir* qui convient.

1. Elle _____ drôlement bien danser!

2. Tu ne _____ même pas pourquoi tu ris!

3. Est-ce que nous _____ où il habite?

4. Je _____ qu'il veut répondre rapidement à ton mail.

5. Vous _____ que l'amitié demande des efforts.

6. Nos parents _____ toujours où nous sommes.

7. Pendant l'interro, j'_____ répondre à toutes les questions.

8. Quand j'étais enfant, je _____ parler aux animaux.

Grammaire mixte

2 Complète par les formes des verbes *savoir* et *pouvoir* au présent.

– Tu _____ finir cette tâche?

– Je ne _____ pas si je vais avoir le temps!

On ne _____ pas télécharger les films. Qui _____ nous aider?

➜➜➜

Nous ne _____ pas les prendre, ils ne _____ rien faire.

Vous _____ appeler notre correspondant à Londres parce que vous _____ bien parler anglais.

3 **Complète par les formes des verbes** *savoir* **et** *pouvoir* **à l'imparfait.**

Lui, il ne _____ pas chanter.

Et elles, elles ne _____ pas chanter!

Elles ne _____ pas regarder leur film préféré.

Il ne _____ pas nager.

Il _____ faire du cheval!

Le verbe irrégulier *vivre* | Das unregelmäßige Verb *vivre*

Du sagst, dass du lebst:

Ils **ont** longtemps **vécu** en Italie. ➡ **das Verb** *vivre*

Dazu brauchst du:

Complète.

vivre (leben)

je _____

tu _____

il/elle/on _____

nous _____

vous _____

ils/elles _____

impératif _____ _____ _____

imparfait je_____

passé composé j'_____

Nos parents vivent à la campagne.

---

(1) **Complète les phrases par les formes du verbe *vivre* au présent, au passé composé ou à l'imparfait.**

1. Adriana _____ six mois en Italie.

2. Maintenant, ses parents et elle _____ en France.

3. Tu _____ ici depuis longtemps?

4. Nous _____ en Allemagne

   quand ma mère a eu un accident.

5. Papi et mamie, quand vous étiez étudiants,

   vous _____ ensemble?

6. Pendant deux ans, j'_____ à Perpignan.

VOLET 3

Les propositions relatives avec *ce que* et *ce qui* | Der Relativsatz mit *ce que* und *ce qui*

Weitere Relativsätze

Ma mère sait **ce qui** me plaît.
Dites-moi **ce que** vous voulez manger. die Relativsätze mit *ce qui* und *ce que*

Complète.

Elle ne sait pas _____ elle doit faire.

Dites _____ vous avez lu.

Je lis _____ me plaît.

Merke:
ce qui + (Objektpronomen) + Verb
ce que/qu' + Subjekt + Verb

1 **Choisis la forme du pronom relatif qui convient.**

1. Ils ne savent pas _____ (ce que • ce qui)

   me plaît chez ce garçon mais ils savent déjà

   _____ (ce que • ce qui) ne leur plaît pas.

2. Vous avez noté tout _____ (ce que • ce qui)

   Kevin a expliqué mais vous n'avez pas noté

   _____ (ce que • ce qui) le prof a dit.

3. _____ (Ce que • Ce qui) nous aimons, ce sont les vacances!

   _____ (Ce que • Ce qui) nous n'aimons pas, ce sont les cours!

4. Je ne sais pas _____ (ce que • ce qui) va avec ton pantalon

   jaune mais je sais _____ (ce que • ce qui) ne te va pas!

2 Complète par *ce qui* ou *ce que/qu'*.

Je mets _____

je veux!

J'écoute _____

me plaît!

On répare _____

nous intéresse.

Est-ce que tu comprends

_____ il dit?

Tu sais _____

il a vu?

J'ai trouvé _____

je cherchais.

Grammaire mixte

3 **Complète le texte avec *ce qui* ou *ce que/qu'* et les verbes conjugués au temps qui convient.**

> trouver – être (5 x) – énerver – vouloir – détester – savoir – comprendre –
> devoir – compter – faire – attendre de qn – dire

Quand j'_____ plus jeune, _____ **1**

m'_____ chez mes parents, c'_____

qu'ils ne me _____ pas.

Toutes ces années, je _____ toujours faire

_____ ils _____ de moi et ils

_____ toujours savoir _____ je

_____ avec mes copains.

2

Maintenant, _____ — _____ le plus

important pour eux, c'_____ l'école et le reste ne

_____ pas.

3

Aujourd'hui, _____ je _____ vraiment,

c'est quand ma mère _____ qu'elle _____

_____ _____ bon pour moi!

Tu _____ ça normal, toi?

4

Module B

Le subjonctif | Der subjonctif

Du willst einen Wunsch oder eine Notwendigkeit ausdrücken:

Je voudrais qu'il **revienne** demain.

Dazu brauchst du:

den *subjonctif*

Complète.

il (ne) faut (pas) que

je travaill_____

tu travaill_____

il/elle/on travaill_____

nous travaill_____

vous travaill_____

ils/elles travaill_____

je finiss_____

je (ne) voudrais (pas) que   tu finiss_____

il/elle/on finiss_____

nous finiss_____

vous finiss_____

ils/elles finiss_____

je descend_____

je (ne) veux (pas) que   tu descend_____

il/elle/on descend_____

nous descend_____

vous descend_____

ils/elles descend_____

Merke:

travaillent

finissent   +   -e, -es, -e, -ions, -iez, -ent

descendent

Verbes irréguliers

aller:	que j'_____	que nous _____
avoir:	que j'_____	que nous _____
être:	que je _____	que nous _____
faire:	que je _____	que nous _____
pouvoir:	que je _____	que nous _____
prendre:	que je _____	que nous _____
venir:	que je _____	que nous _____
voir:	que je _____	que nous _____
vouloir:	que je _____	que nous _____
savoir:	que je _____	que nous _____

1 **Trouve les expressions qui expriment un souhait** *(Wunsch)* **ou une nécessité** *(Notwendigkeit)* **et note la lettre «s» ou «n».**

[s] Je ne voudrais pas que   [ ] Je dis que   [ ] Il ne faut pas que

[ ] J'aimerais que   [ ] Je voudrais que   [ ] Je veux que

[ ] Je ne veux pas que   [ ] Il pense que   [ ] Je sais que

[ ] Je n'aimerais pas que   [ ] Il faut que

2 **Relie pour faire des phrases.**

Il est possible qu'il [A]   [1] soyez à l'heure.

Ma mère veut que nous [B]   [2] prennes le bus avec lui.

Je voudrais qu'ils [C]   [3] rentrions avant cinq heures.

Il faut que vous [D]   [4] s'agisse de sa copine.

Luc voudrait que tu [E]   [5] fassent des efforts.

3 Complète. Utilise le *subjonctif*.

1. Tim veut que ses copains _____ (*aller*) au ciné avec lui.

2. Il faut que Marion et Antonia _____ (*essayer*) de parler à Romain.

3. Il est possible que je lui _____ (*plaire*).

4. Mylène voudrait que les enfants _____ (*être*) heureux.

5. Est-il possible que cette personne _____ (*connaître*) Romain?

6. Il faut que vous _____ (*aider*) Romain à trouver la solution.

Grammaire mixte

4 Colas pense tout le contraire de son père. Fais les phrases de Colas.
Utilise *Il (ne) faut (pas) que* + le *subjonctif*.

1. Tu dois être plus sérieux.

2. Tu dois nous écouter plus souvent.

3. Tu ne dois pas dépenser ton argent.

4. Vous devez faire plus d'efforts.

5. Vous devez réfléchir avant d'agir.

6. Tes amis doivent venir demain.

1. _____

_____

2. _____

_____

3. _____

4. _____

_____

5. _____

_____

6. _____

_____

5 **Fais des phrases. Utilise** *Il faut* **+** *subjonctif* **ou** *Je voudrais que* **+** *subjonctif*.

gagner au loto

arriver avant les autres

danser avec moi

1. _____

_____

2. _____

_____

3. _____

_____

être ici avec moi

voir ce film ensemble

faire beau

4. _____

_____

5. _____

_____

6. _____

6 Complète. Utilise le pronom qui convient et les formes des verbes entre parenthèses. Attention aux temps.

1. Ce film est génial, il faut que je _____ encore une fois.

   (*revoir*)

2. J'ai parlé des DVD à Iris parce que je _____ regarder avec

   elle. (*vouloir*)

3. Le gâteau est encore chaud, tu veux que nous _____ sur la

   table. (*poser*)

4. Cette BD est très drôle, il faudrait

   que tu _____.

   (*lire*)

5. Le chien de Lucas a eu des bébés,

   il veut que j'_____

   voir. (*aller*)

6. Ma copine Mia m'a offert un CD

   de Camille mais je _____

   _____. (*ne plus retrouver*)

7 Souligne les formes des verbes au subjonctif. Entoure les formes des verbes à l'indicatif. Puis, reconstitue les phrases.

1

Est-ce que vos parents savent que **A**   **1** vous allez au cinéma?

Est-ce que vos parents veulent que **B**   **2** vous alliez au cinéma?

2

Le père de Romain voudrait que **A**   **1** son fils comprenne le problème.

Le père de Romain dit que **B**   **2** son fils comprend le problème.

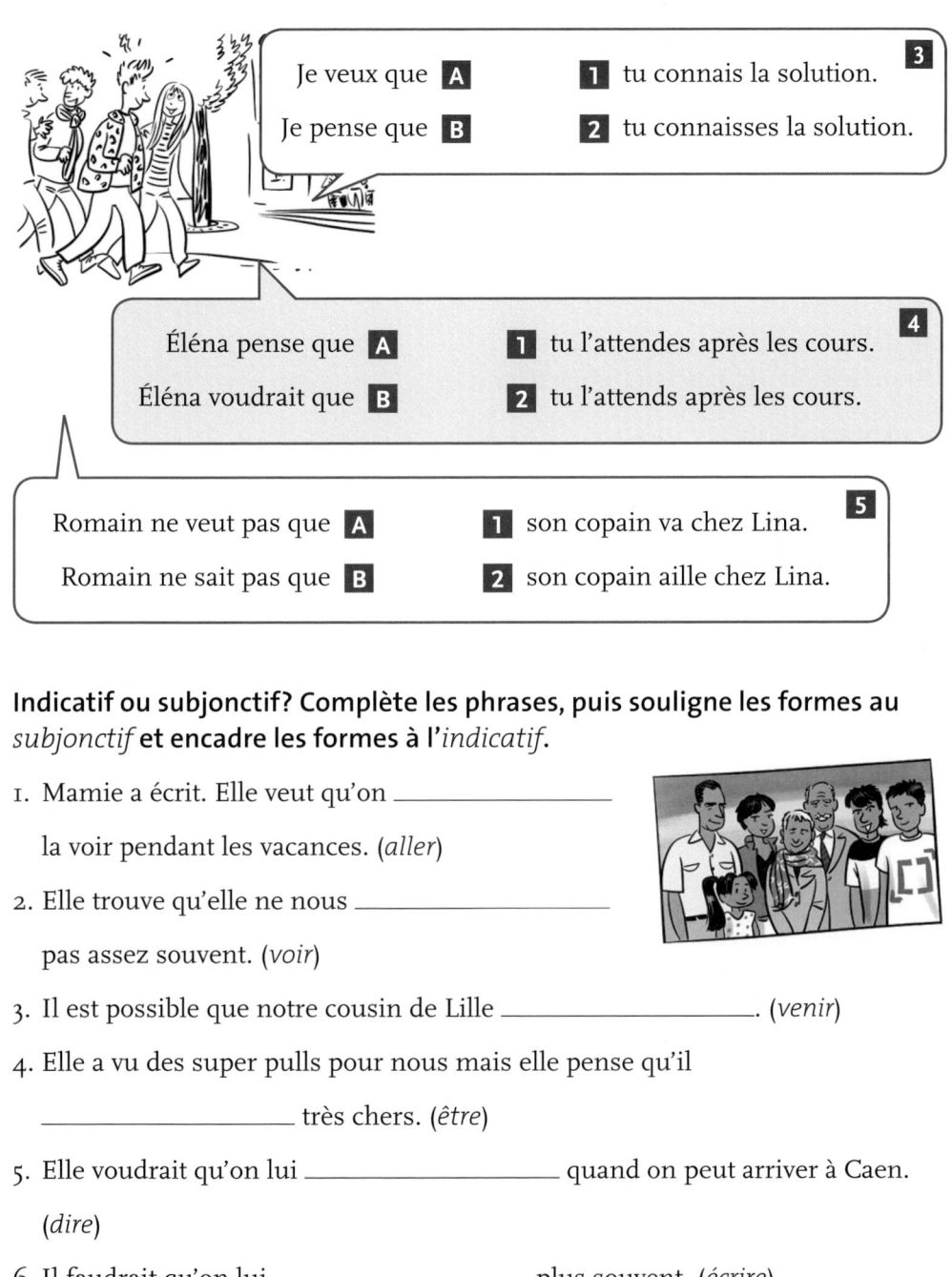

Je veux que **A** **1** tu connais la solution. **3**

Je pense que **B** **2** tu connaisses la solution.

Éléna pense que **A** **1** tu l'attendes après les cours. **4**

Éléna voudrait que **B** **2** tu l'attends après les cours.

Romain ne veut pas que **A** **1** son copain va chez Lina. **5**

Romain ne sait pas que **B** **2** son copain aille chez Lina.

8

Indicatif ou subjonctif? Complète les phrases, puis souligne les formes au *subjonctif* et encadre les formes à l'*indicatif*.

1. Mamie a écrit. Elle veut qu'on _____

   la voir pendant les vacances. (*aller*)

2. Elle trouve qu'elle ne nous _____

   pas assez souvent. (*voir*)

3. Il est possible que notre cousin de Lille _____. (*venir*)

4. Elle a vu des super pulls pour nous mais elle pense qu'il

   _____ très chers. (*être*)

5. Elle voudrait qu'on lui _____ quand on peut arriver à Caen.

   (*dire*)

6. Il faudrait qu'on lui _____ plus souvent. (*écrire*)

Überprüfe deine Lösungen. Du findest alle Lösungen online unter www.cornelsen.de/webcodes. Gib dort APLU-1768 ein.

Unité 3

VOLET 1

Prépositions et articles devant les noms de pays | Präpositionen und Artikel vor Ländernamen

Du sagst, aus welchem Land jemand kommt oder in welches Land jemand fährt:

Ils viennent **d'**Inde.
Ils sont **aux** États-Unis.
Il va **en** Allemagne.

Dazu brauchst du:

→ **die Präpositionen und Artikel vor Ländernamen**

Complète par *de*, *du*, *des*, *en*, *au* **ou** *aux*.

1. Elle vient _____ France.

   Il va _____ France.

2. Elle vient _____ Québec.

   Il va _____ Québec.

3. Nous venons _____ États-Unis.

   Vous êtes _____ États-Unis.

Merke:

weiblich: *en / de*	
männlich: *au / du*	+ Ländername
Plural: *aux / des*	

⚠ Ländernamen, die mit *e* enden sind weiblich (Ausnahme: *le Mexique*). Alle anderen sind männlich.

Je viens des Pays-Bas. Maintenant, je suis en Espagne et demain, je vais aller au Canada.

LLEGADAS→

1 Complète les phrases.

> les États-Unis – le Sénégal – le Canada – l'Allemagne – la France

1. Il vient _____.

2. Ils vont _____.

3. Elle va _____.

4. Ils viennent _____.

5. Nous venons _____.

2 Complète les phrases.

1. Je m'appelle Tintin et je viens _____. (aus Belgien)

2. Cet été, on va _____. (nach Tunisien)

3. Nous, on va _____. (nach Marokko)

4. Ces touristes viennent _____. (aus den USA)

5. La mère de mon copain vient _____ (aus Portugal) et

   son père vient _____. (aus Deutschland)

6. Moi, je rêve d'aller _____ (in die USA) mais mon

   copain veut aller _____. (nach China)

Grammaire mixte

3 Fais des phrases avec les verbes *venir* et *aller* au *passé composé* et les noms de pays.

1. Je _____

   _____

   les États-Unis   la Belgique

2. Elle _____

   _____

   l'Allemagne *f.*   le Sénégal

3. Ils _____

_____ le Québec   la France

_____

4. Nous _____

_____ la Turquie   les États-Unis

_____

5. Tu _____

_____ la Belgique   le Canada

L'interrogation avec *qui est-ce qui? qui est-ce que?* **et** *qu'est-ce qui?* |
Die Frage mit *qui est-ce qui? qui est-ce que?* **und** *qu'est-ce qui?*

Weitere Fragemöglichkeiten

Qu'est-ce qui est formidable?   →   **Die Frage mit** *qui est-ce qui?*
qui est-ce que? **und** *qu'est-ce qui?*

Complète la règle par le pronom *qui* **ou** *que/qu'.*

Frage nach Personen

als Subjekt	_____ est-ce _____ a fondé cette ville?	Wer ...?
als direktes Objekt	_____ est-ce _____ on appelle le découvreur?	Wen ...?

Frage nach Sachen

als Subjekt	_____ est-ce _____ te plaît ici?	Was ...?
als direktes Objekt	_____ est-ce _____ tu fais dimanche?	Was ...?

Tu connais déjà l'interrogation
avec «Qu'est-ce que?»

1 Complète par *qui est-ce que, qui est-ce qui, qu'est-ce que, qu'est-ce qui* et les mots qui manquent.

1. – _____ tu cherches?

   – Je cherche mon _____.

2. – _____ te plaît?

   – Ce _____ me plaît.

3. – _____ te plaît?

   – Ce _____ me plaît.

4. – Pardon, _____ vous dessinez?

   – Je dessine cet _____.

   l'artiste *m.*

5. – Pardon, _____ vous dessinez?

   – Je dessine _____.

2 Pose des questions. Choisis ce qui convient: *Qui est-ce que, Qui est-ce qui, Qu'est-ce que* **ou** *Qu'est-ce qui.*

1. – Anatole me cherche.

   – Pardon? _____ te cherche?

2. – Maintenant, j'appelle Marie.

   – Pardon? _____ tu appelles maintenant?

3. – Ce soir, je vais regarder ma série préférée.

   – Pardon? _____ tu vas regarder?

4. – Ce livre est génial.

   – Pardon? _____

   _____

   est génial?

Qui est-ce qui a pris ces photos?

Grammaire mixte

3 **a** **Complète les questions par** *qu'est-ce qui* **ou** *qu'est-ce que/qu'*.

1. _____ te plaît le plus dans cette bédé?

2. _____ on offre à Lara? Une bédé de Titeuf ou de Jules?

3. _____ intéresse Max?

4. Mais enfin, _____ te dérange chez cet auteur?

5. _____ tu connais d'Agnès Desarthe?

6. Alors, _____ on prend? Une histoire d'aventure ou

   d'amour?

b **Complète les réponses par** *ce qui* **ou** *ce que*.

a. Choisis _____ tu veux.

b. Je sais _____ va lui plaire: Jules Verne.

c. Je ne sais pas trop _____ elle aime.

d. J'ai tout lu. J'adore _____ elle écrit.

e. Les dessins. _____ m'amuse surtout, ce sont les dessins d'animaux.

f. Il est nul! Je ne comprends pas _____ tout le monde aime chez lui.

c **Regarde le dessin et note le numéro et la lettre de a et de b qui correspond à la situation.**

4 Fais les dialogues. Utilise *qui est-ce que, qui est-ce qui, qu'est-ce que, qu'est-ce qui*. **Conjugue les verbes au** *présent*.

1. _____

t'_____ (*appeler*)?

2. _____ tu

_____ (*lire*)?

3. _____ tu

_____ (*préférer*)?

4. _____

_____ (*s'en aller*)?

5. _____ vous

_____ (*faire*)?

6. _____ ne vous

_____ (*plaire*) pas?

7. Mais, _____ tu

_____ (*prendre*)?

8. De _____ ils

_____ (*rêver*)?

VOLET 2

Les verbes pronominaux au *passé composé* | Die reflexiven Verben im *passé composé*

Du sprichst über vergangene Erlebnisse:

Il s'est promené.
Elles se sont bien amusées.

→

Dazu brauchst du:

das *passé composé* **der reflexiven Verben**

Qui a écrit ces phrases? Relie.

Nous nous sommes levés tard. **A**

Je ne me suis pas couchée tard. **B**

Nous nous sommes promenées longtemps. **C**

Je me suis occupé du chien. **D**

1 Olivier

2 Tom et Ali

3 Bernadette

4 Lola et Anna

Marie et Julien se sont disputés.

---

1 **Complète par les formes des verbes pronominaux au** *passé composé*.

s'amuser – se retrouver – se dépêcher – s'entraîner – s'ennuyer –
s'habiller – se lever – se maquiller[1] – s'occuper

Ce week-end, je ne _____ pas

_____ avec ma copine Char-

lotte. Dimanche, nous _____

à 11 heures! D'abord, je _____ ╌╌►►►

1 **se maquiller** sich schmincken

de ses chats. Ensuite, nous _____

_____ parce qu'on avait rendez-

vous avec Rémi. On _____

devant la piscine à midi. Charlotte _____ pour son concours

de natation. Rémi et moi, on _____ bien _____

pendant ce temps! Après, dans les vestiaires, Rémi _____

assez vite mais nous, les filles, on _____ pendant une

heure! Super week-end!

2 **Fais des phrases au** *passé composé.*

 je • s'énerver contre • chat

_____

_____

 mon père • ne pas se lever à l'heure

_____

_____

 Léo • se perdre • parc

_____

_____

 ils • ne pas se baigner

_____

_____

 elles • se coucher • plage

_____

_____

 nous • bien s'amuser

_____

_____

7 | il • ne pas se souvenir • anniversaire

8 | ils • se connaître • année dernière

_____

_____

_____

_____

Grammaire mixte

3

Complète. Mets les verbes au *passé composé* **ou au** *subjonctif présent*.

1. Pour l'anniversaire de sa grand-mère, Romain _____

    comme un clown et Éléna _____ de son frère.

    (*s'habiller • se moquer*)

2. Son père _____ contre son fils et

    lui _____: «Romain, je ne veux

    pas que tu _____ comme ça, il

    faut que tu _____ autre chose

    pour passer à table.» (*s'énerver • dire • rester • mettre*)

3. Mais Mylène _____ qu'il _____.

    (*ne pas vouloir • se changer*)

4. Elle _____ même _____: «Il faut

    que nous _____ une belle fête à mamie. Alors, ce soir,

    on pourrait tous mettre des vêtements originaux.» (*proposer • faire*)

5. Éléna _____: «C'est une bonne idée!» (*répondre*)

6. L'anniversaire _____ très drôle. (*être*)

7. Toute la famille _____ bien _____

    et _____ jusqu'à très tard dans la

    nuit. (*manger • s'amuser*)

La phrase infinitive avec *avant de* | Der Infinitivsatz mit *avant de*

Du sagst, was vorher geschehen ist:

Dazu brauchst du:

Avant de faire les courses, il fait une liste.
Avant de préparer le gâteau, il lit la recette.

→ den Infinitivsatz mit *avant de*

Fais des phrases. Utilise *avant de* + infinitif.

1. _____

(*sortir*), Charlotte range sa chambre.

2. _____

(*aller* au cinéma), elle choisit un film.

> Je voulais t'appeler avant de partir.

Merke: Nach *avant de* steht der/ein Infinitiv.

---

(1) **Trouve le bon ordre et fais des phrases. Commence par *Il faut* + *infinitif* et continue avec *avant de* + *infinitif*.**

1. ranger sa chambre • inviter les copains

_____

_____

_____

2. mettre ses vêtements dans l'armoire • laver ses vêtements

_____

_____

3. répondre aux questions • lire le texte

_____

_____ ➔➔➔

4. sortir • s'habiller

_____

5. gagner de l'argent • partir en vacances

_____

6. être vieux • voir le monde

_____

Grammaire mixte

2   **Écris des messages. Utilise** _l'impératif_ **et** _avant de + infinitif_.

regarder • le frigo • faire les courses

_____

_____

_____

prendre • sortir

_____

_____

_____

finir • les devoirs • regarder la télé

_____

_____

_____

arrêter • le portable • fermer les yeux

_____

_____

_____

Le pronom *en* (partitif) | Das Pronomen *en* (partitiv)

Du vermeidest Wiederholungen:

Des bonbons? Oui, j'**en** veux encore.   ➡   **das Pronomen *en* (partitiv)**

Dazu brauchst du:

Réponds aux questions. Utilise le pronom *en*.

1. – On a acheté du sucre?

   – Oui, on _____ a acheté.

2. – Tu prends du coca?

   – Non, je n'_____ prends pas.

3. – Tu veux encore de la poutine? – Non merci, je n'_____ veux plus.

4. – Tu as pris combien de sacs? – J'___en___ ai pris ___trois___.

(Sprechblasen im Bild:) Tu prends combien d'œufs? — Ich nehme zwei. — Il en prend deux.

---

1 Coche la bonne réponse.

1

In deiner Gastfamilie wird dir Poutine angeboten. Du nimmst gern davon.

☐ Oui, j'en prends. Merci.   ☐ D'accord, j'y vais.
☐ Je n'en veux pas.   ☐ Je n'en peux plus.

Du hast den ganzen Nachmittag nur Hausaufgaben gemacht. Jetzt reicht es aber.

☐ C'est génial!   ☐ J'en veux deux!
☐ J'en ai assez.   ☐ J'en ai beaucoup.

2

3

Du fragst deinen Austauschschüler, ob er Sport treibt. Er bejaht.

☐ J'en prends.   ☐ J'en veux.
☐ J'en ai assez!   ☐ J'en fais souvent.

Deine Gastfamilie fragt dich, ob du dir Bücher zu deinem Geburtstag wünschst. Du bejahst.

☐ Oui, je n'en peux plus.   ☐ Oui, j'en veux bien.
☐ Oui, j'en prends.   ☐ Oui, j'en achète.

4

2 Souligne les mots qui se répètent puis réécris le dialogue.
Utilise le pronom *en*.

Tu connais la recette du gâteau au citron?

Oui, je fais souvent du gâteau au citron.

Bon, alors, on a du sucre?

Oui, on a 100 g de sucre.

Il faut combien d'œufs?

Il faut deux œufs.

On a assez de farine?

Oui, on a 1 kg de farine.

On a encore du beurre?

Non, on n'a pas de beurre.
Il faut acheter du beurre.

Il faut aussi acheter des citrons,
on n'a plus de citron.

– Tu connais la recette du gâteau au citron? – Oui, j'en fais souvent.

_____

_____

_____

_____

_____

_____

_____

_____

_____

_____

_____

_____

3 Réponds aux questions. Utilise le pronom *en*.

Super, ce manga!

J'en étais sûre!

1. Est-ce que tu as des frères et sœurs?

_____

2. Est-ce que tu as un blog?

_____

3. Est-ce que tu écris souvent des messages?

_____

4. Est-ce que tu lis un journal de jeunes?

_____

5. Est-ce que tu connais des chanteurs français?

_____

6. Est-ce que tu as déjà vu des films français?

_____

7. Est-ce que tu écoutes de la musique française?

_____

Grammaire mixte

4 Complète le dialogue. Utilise l'article partitif *du*, *de la/l'*, *des* et le pronom *en*.

– Est-ce qu'on a encore _____ de la _____ charcuterie?

– Oui, on _____ en _____ a assez.

– Est-ce qu'il faut acheter _____ beurre?

– Oui, il n'y _____ a plus.

– Est-ce qu'on achète _____ eau minérale?

– Je ne sais pas. On _____ a encore trois bouteilles.

– Et il faut aussi _____ œufs?

– Non, il y _____ a encore _____ (6). Mais il nous faut

   _____ lait.

– Ok. Et on achète _____ biscuits?

– Oui, on _____ prend _____ (2) paquets.

– Et _____ salade?

– Oui, on _____ prend _____ (1).

– On a encore _____ fromage?

– Non, on n'_____ a plus.

– Alors, on _____ prend.

VOLET 3

Le comparatif de l'adverbe | Der Komparativ des Adverbs

Du vergleichst Handlungsweisen:

Sarah court vite que sa copine. ➡ **den Komparativ des Adverbs**

Dazu brauchst du:

Choisis le comparatif qui convient.

1. Lydie regarde la télé moins longtemps que •
   moins drôle que son frère.

2. Boule et Bill conduisent aussi bien que • aussi bon que
   Bob et Brad.

3. Un caribou doit s'arrêter plus normal qu' •
   plus souvent qu'une motoneige.

L'OM joue mieux
que le PSG.

Merke: Komparativ des Adjektivs

+	plus		
=	aussi	+ Adjektiv	+ **que**
–	moins		

⚠ bien → mieux (besser)
beaucoup → plus (mehr)
peu → moins (weniger)

---

1 **Fais des phrases. Utilise** *plus/moins/aussi* **+ adverbe +** *que.*

1. J'utilise mon ordinateur _____ (**–** • souvent)

   _____ mon portable.

2. Romain parle _____

   (**+** • calmement) _____ Gilles.

3. Je sais _____ (**+** • bien)

   chatter _____ surfer.

4. Ce matin, je me suis levé _____

   (**=** • tôt) _____ hier.

Compare Tim et Brandon. Fais les phrases. Utilise *plus/moins/aussi* **+ adverbe + que.**

> Tim va à la piscine une fois par semaine, nage vite (100 m en deux minutes), est resté deux heures au stade, fait bien du roller, parle très bien français, parle mal l'anglais.

> Brandon va à la piscine deux fois par semaine, nage vite (100 m en deux minutes), est resté une heure et demie au stade, ne fait pas très bien du roller, parle très bien français, parle mal l'anglais.

Tim va plus souvent à la piscine que Brandon.

_____

_____

_____

_____

_____

Grammaire mixte

Fais des phrases. Utilise le *comparatif de l'adverbe*. **Conjugue le verbe à** *l'imparfait*.

avion • bateau • se déplacer • vite

père • mère • chanter • bien

_____ _____

_____ _____

Inès • Max • faire du vélo • dangereux

Léa • Léo • dormir • longtemps

_____

_____

Le superlatif de l'adverbe | Der Superlativ des Adverbs

Du vergleichst Handlungsweisen:

Robin parle **le plus vite**.

→ Dazu brauchst du:

den Superlativ des Adverbs

Complète.

1. Je rentre du collège _____ (**+** **+** • souvent) à pied.

2. Je prends le bus _____ (**–** **–** • souvent) possible.

Merke:

le + **+** plus   **–** moins   + Adverb

⚠ bien → le mieux (am besten)
beaucoup → le plus (am meisten)
peu → le moins (am wenigsten)

Je te parle le moins rapidement possible.

1 Complète les phrases. Utilise le *superlatif de l'adverbe*.

Je déteste aller en ville. J'y vais

_____ possible.

Voilà le quartier que j'aime

_____ .

C'est l'endroit où on mange

_____ .

Maintenant, on va rentrer

_____ possible.

2 Complète les phrases. Utilise le *superlatif de l'adverbe*.

1. Au début, on a attendu _____ (**+** **+** • normalement) du monde!

2. Il y a avait du monde et Yann dansait _____ (**+** **+** • bien)!

3. Moi, j'applaudissais _____ (**+** **+** • beaucoup)!

4. Je voudrais revoir Yann _____ (**+** **+** • vite) possible.

5. J'aimerais participer à des flash mob _____ (**+** **+** • souvent) possible.

6. J'ai passé la journée _____ (**+** **+** • animé) de la semaine.

7. Yann est vraiment le garçon _____ (**+** **+** • branché) du quartier.

Grammaire mixte

3 **Fais le dialogue. Utilise le** *comparatif* **et le** *superlatif de l'adverbe*.

1 – Können Sie nicht schneller arbeiten? (*travailler vite*)

_____

_____

_____

– le • travaille • possible, • On • vite • plus • chef!

_____

_____

_____

2 – Können Sie nicht besser schreiben? (*écrire bien*)

_____

_____

_____

– mieux • J'écris • le • chef! • possible,

_____

_____

_____

3 – Können Sie nicht normaler mit den Leuten sprechen?
(*parler normalement*)

_____

_____

_____

– leur • normalement • parle • possible! • le • Je • plus

_____

_____

_____ ➔➔➔

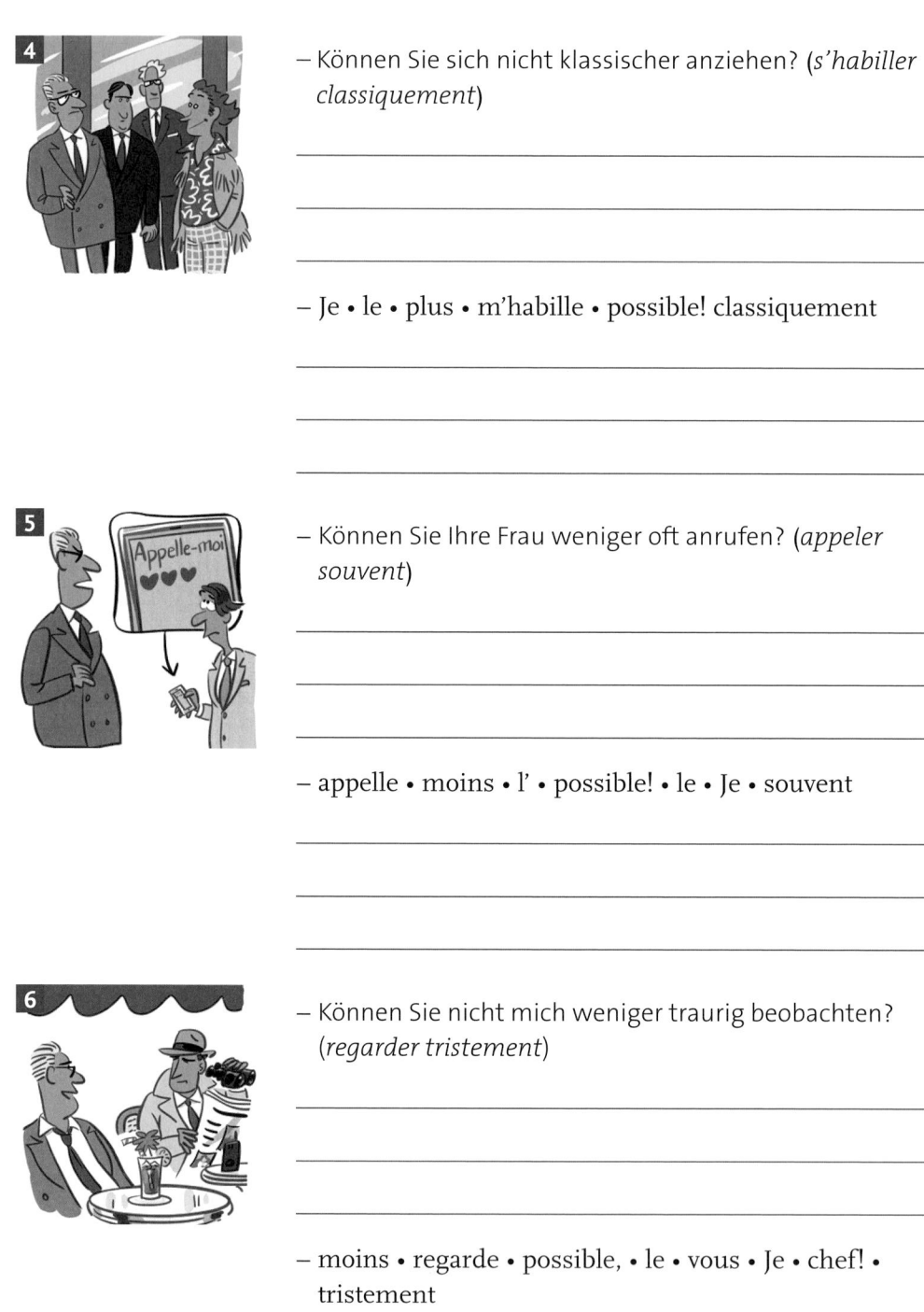

4

– Können Sie sich nicht klassischer anziehen? (*s'habiller classiquement*)

_____

_____

_____

– Je • le • plus • m'habille • possible! classiquement

_____

_____

_____

5

– Können Sie Ihre Frau weniger oft anrufen? (*appeler souvent*)

_____

_____

_____

– appelle • moins • l' • possible! • le • Je • souvent

_____

_____

_____

6

– Können Sie nicht mich weniger traurig beobachten? (*regarder tristement*)

_____

_____

– moins • regarde • possible, • le • vous • Je • chef! • tristement

_____

_____

_____

Les quantifiants avec *plus de*, *autant de*, *moins de* | Mengenangaben mit *plus de*, *autant de*, *moins de*

Du vergleichst Mengen:

Au Québec, on mange `plus de` poutine qu'en France.

Dazu brauchst du:

Mengenangaben mit *plus de*, *autant de*, *moins de*

Complète.

1. J'ai _____ **=** amis que toi.

2. En Allemagne, il y a _____ **+** 80 millions d'habitants.

3. En France, il y a _____ **–** régions.

4. En Allemagne, il y a _____ **+** habitants qu'en France.

Il y a plus de voitures en ville qu'au village.

Merke:

Nach einer Mengenangabe steht immer *de*.
Im Deutschen werden Menge ohne Präposition angegeben.

⚠ Du kennst schon:

un kilo de	un paquet de	peu de
une bouteille de	beaucoup de	ne ... pas de
une tablette de	trop de	ne ... plus de

1 **Fais les phrases.**

1. autant • idées • a • On • la • troisième B. • que • d' • géniales

_____

_____

_____

→→→

2. Il • en • villes • y • grandes • moins • de • France, • a • Allemagne • en • qu'

_____

_____

_____

3. frère • collège • Le • projets • de • mon • que • organise • notre • de • plus • collège

_____

_____

_____

2   **Regarde le dessin et complète avec** *plus de*, *moins de* **et** *autant de*. **Puis note le nom de chacun.**

---

www.bonjour.fr   ✕

Le blog de Stéphane

Salut,

je m'appelle Stéphane. Et voici mes copains. On a tous _____ chance dans la vie.

Marius a _____ argent mais il a _____ vêtements de marque parce que sa grand-mère lui en offre souvent.

Isabelle a _____ portables mais elle a _____ temps libre parce qu'elle chatte tout le temps.

Djibril a _____ trucs pour faire du sport.

Et moi, j'ai _____ jeux vidéo mais _____ livres que les autres.

Grammaire mixte

3 Compare Arthur et sa sœur. Utilise le *comparatif de l'adjectif* **et** les *quantifiants* **avec** *plus de, autant de, moins de.*

Komparativ des Adjektivs	Mengenangaben vergleichen
+ plus	**+** plus
= moins + Adjektiv + que	**=** moins + de + Nomen
− autant	**−** autant

On a autant de vêtements.

Je suis aussi riche que toi.

Arthur est ___aussi riche___ (**=** • riche) que sa sœur. Il a ___autant de___

___vêtements___ (**=** • les vêtements) qu'elle mais il est _____

_____ (**+** • sportif) qu'elle! Par contre, ils ont tous les deux

_____ (**=** • les portables). Élisa a

_____ (**−** • les jeux vidéo) que son frère parce

qu'elle est _____ (**−** • fan) que lui.

1 **la chaussure de sport** Sportschuh

VOLET 1

L'impératif avec un pronom | Der Imperativ mit Pronomen

Du sagst jemandem, dass er etwas tun oder unterlassen soll:

Dazu brauchst du:

Passe-moi le sucre, s'il te plaît. ➡ **den Imperativ mit Pronomen**

Complète les phrases avec le pronom qui convient.

1. Écoute-_____. *(Hör mir zu.)*

2. Amuse-_____. *(Amüsiere dich.)*

3. Appelle-_____. *(Ruf ihn an.)*

4. Mangeons-_____. *(Essen wir sie.)*

5. Écris-_____. *(Schreib ihr.)*

6. Attendez-_____. *(Wartet auf uns.)*

7. Arrêtez-_____. *(Haltet an.)*

8. Lis-_____. *(Lies sie (= die Bücher).)*

9. Réponds-_____. *(Antworte ihnen.)*

10. Vas-_____. *(Gehe hin.)*

11. Achètes-_____. *(Kaufe davon.)*

Complète les phrases avec le pronom qui convient. Attention à la négation.

1. Ne _____ écoute pas. *(Hör mir nicht zu.)*

2. Ne _____ amuse pas. *(Amüsiere dich nicht.)*

3. Ne _____ appelle pas. *(Ruf ihn nicht an.)*

4. Ne _____ mangeons pas. *(Essen wir sie nicht.)*

5. Ne _____ écris pas. *(Schreib ihr nicht.)*

6. Ne _____ attendez pas. *(Wartet nicht auf uns.)*

7. Ne _____ arrêtez pas. *(Halt nicht an.)*

8. Ne _____ lis pas.
   (Lies sie (= die Bücher) nicht.)

9. Ne _____ réponds pas.
   (Antworte ihnen nicht.)

10. N'_____ va pas.
    (Gehe nicht hin.)

11. N'_____ achète pas.
    (Kaufe keine (davon).)

Ne le dérange pas!

1 Écris le contraire.

Regarde-moi.

_____

_____

Ne l'écoutez-pas.

_____

_____

Attends-nous.

_____

_____

N'y va pas.

_____

_____

Achète-les.

Lis-le.

Console-la.

Ne m'aide pas.

2 **Complète les phrases à l'impératif par un pronom.**

1. La vue depuis le Mont Royal est super. Montez-_____!

2. Les caribous? Ne _____ photographie pas le soir.

3. La forêt est belle: découvrez-_____ au printemps.

4. Je ne suis pas libre. Ne _____ appelle pas.

5. Ils sont partis maintenant: écris-_____, c'est mieux.

6. Dépêchons-_____, nous sommes en retard.

7. – Il est joli ce pantalon.

   – Essaie-_____ avant de l'acheter!

8. Regardez-_____,
   vous êtes trop beaux!

9. Tu es fatigué: couche-

   _____

   maintenant.

3 Fais les phrases. Utilise l'impératif et remplace les mots surlignés par un pronom.

lâcher • le journal

Le grand-père dit au chien:

«_____»

ranger • la chambre

La mère dit à ses enfants:

«_____»

laisser • les garçons

Le prof dit à la fille:

«_____»

expliquer • à moi

Le père dit à son fils:

«_____»

répondre • aux fans

La femme dit à sa copine:

«_____»

ne pas aller • au cinéma

Tino dit à ses copains:

«_____»

Grammaire mixte

4 Fais les mini-dialogues. Mets d'abord les phrases dans le bon ordre.
Puis utilise *un pronom* et l'*impératif* à la forme affirmative ou négative.

1. – Je • ai • fatigué. • Je • aller • n' • suis • vous. • envie • d' • ciné • au • pas • avec

   <u>Je suis fatigué. Je n'ai pas envie d'aller au ciné avec vous.</u>

   _____

   – Alors, <u>n'y va pas</u>_____

2. – Ces • je • vêtements • trop • chers, • sont • ne • les • pas • peux • acheter.

   _____

   _____

   – Alors, _____

3. – argent, • n' • ai • parents. • d' • Je • ne • je • rien • plus • peux • à • offrir • mes

   _____

   _____

   – Alors, _____

4. – Je • parce • parler • ne • Sabrina • voudrais • que • je • à • pourquoi • furieuse • pas • comprends • elle • est • contre • moi.

   _____

   _____

   – Alors, _____ →→→

5. – au • ai • envie • d' • Laura • inviter • J' • cinéma.

_____

  – Alors, _____

6. – Je • envie • rester • ai • pas • de • ici. • n'

_____

  – Alors, _____

7. – à • avis. • écrire • Je • Paul • peu • que • j' • ai • un • parce • peur • de • son • préfère

_____

_____

  – Alors, _____

8. – envie • regarder • soir. • pas • de • trop • n' • de • Je • l' • émission • ai • téléréalité • ce

_____

_____

  – Alors, _____

9. – prendre • voudrais • Je • de • cette • chocolat • au • bonne. • super • a • l' • air • qui • mousse

_____

_____

  – Alors, _____

Le verbe irrégulier *croire* | Das unregelmäßige Verb *croire*

Du willst sagen, dass du jemandem etwas glaubst:

Dazu brauchst du:

Pourquoi est-ce que tu ne me **crois** pas? **das unregelmäßige Verb** *croire*

Retrouve les formes du verbe *croire* et complète.

I	L	C	R	O	I	S	N	C	C
C	R	O	I	E	N	T	A	R	R
X	A	S	A	I	C	R	U	O	O
O	C	R	O	Y	O	N	S	I	Y
I	N	I	Q	C	R	O	I	S	A
M	C	R	O	Y	E	Z	P	O	I
C	R	O	I	T	È	L	X	M	S

je _____

tu _____

il/elle/on _____

nous _____

vous _____

ils/elles _____

impératif _____ _____ _____

imparfait je_____

passé composé j'_____

Complète avec les formes du verbe *croire*.

1 Mon fils a maintenant 14 ans et il _____ au père Noël[1] jusqu'à l'âge de 12 ans.

2 Nous _____ que les animaux nous apprennent beaucoup de choses.

3 Je _____ que Leonardo DiCaprio va arriver.

4 Nos enfants sont au lit.

Ah! Vous _____?

5 Tu _____ peut-être que tu pouvais faire n'importe quoi?

6 Ils _____ que l'appartement se range sans effort!

1 **le père Noël** Weihnachtsmann

Grammaire mixte

Complète par les formes des verbes *agir*, *finir*, *choisir*, *réfléchir* **et** *croire*.

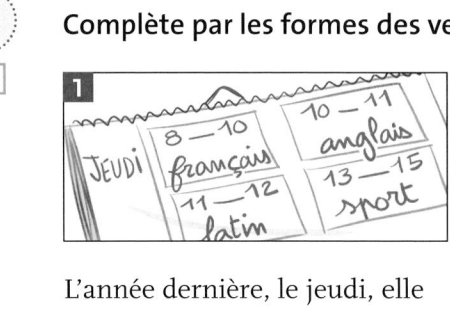

L'année dernière, le jeudi, elle _____ toujours à 15 heures. (*imparfait*)

Nous _____ contre les problèmes de ce monde. (*présent*)

Madame, Monsieur, vous _____ déjà _____? (*passé composé*)

Tu _____ trop! (*présent*)

Je _____ que tu as gagné! (*présent*)

Ils _____ ensemble! (*présent*)

Ils _____ qu'ils vont être en retard. (*présent*)

Est-ce que tu _____ bientôt _____? (*passé composé*)

VOLET 2

La mise en relief | Die Hervorhebung

Du betonst etwas:

C'est toi qui fais le ménage!
C'est devant la maison qu'il faut poser ton vélo.

Dazu brauchst du:

→ **die Hervorhebung**

Transforme les phrases en utilisant la *mise en relief*.

1. Béa a parlé à Josy?

   → Oui,   Béa   a parlé à Josy.

2. Tu as acheté ce pull rouge?

   → Oui,   ce pull rouge   j'ai acheté.

3. On fait le gâteau cet après-midi?

   → Oui,   cet après-midi   on fait un gâteau.

4. On fait la présentation avec Khaled?

   → Oui,   avec Khaled   on fait la présentation.

5. Tintin et Milou ont retrouvé la Licorne.

   →   Tintin et Milou   ont retrouvé la Licorne.

6. Ils partent en vacances en Russie.

   →   en Russie   ils partent en vacances.

7. Tu as téléphoné à ton père?

   → Oui,   à mon père   j'ai téléphoné.

C'est toi qui va gagner!

1

Complète. Utilise la mise en relief.

1
_____ nous
_____ sommes
des stars!

2
_____ les enfants
_____ on entend.

3
_____ toi
_____ a voulu venir.

4
_____ ici
_____ j'ai grandi.

5
_____ pour Noé _____
j'ai pris ces poissons.

6
_____ demain _____
tu fais ta présentation?

7
_____ lui
gagne!

8
_____ ce film
_____ t'a plu?

2

Complète les phrases. Utilise la *mise en relief*.

1. Ils rangent leurs vélos devant notre maison.

   _____

2. Leurs enfants ont fait un graffiti sur notre voiture.

   _____

3. Leur chien joue avec la poubelle!

_____

_____

4. Le fils du voisin sort avec notre fille!

_____

Grammaire mixte

3 Fais les dialogues. Mets les verbes au passé composé. Utilise la *mise en relief*.

1. Antoine • 2. le 15 juillet •
3. Marseille • 4. Paul •
5. ce film • 6. allemand •
7. Laura et sa sœur

1. Max achète un nouveau vélo.
2. Tina rentre le 28 juillet de Tunisie.
3. Le frère de David fait ses études à Nice.
4. Sébastien organise une fête.
5. Malika nous conseille d'aller voir cette exposition.
6. Olivier prend des cours d'anglais.
7. Sarah et son frère rêvent de passer à la télé.

1. Non, c'est Antoine qui a acheté un nouveau vélo.

_____

_____

_____

_____

_____

_____

_____

_____

_____

VOLET 3

L'interrogation indirecte | Die indirekte Frage

Du gibst Fragen wieder:

Le prof **demande si** tu es malade. → Dazu brauchst du:

die indirekte Frage

Complète les phrases. Utilise la question indirecte.

1. «Est-ce que vous avez faim?» → Juliette demande _____ on a faim.

2. «Pourquoi est-ce que vous n'êtes pas d'accord?» → Juliette demande

   _____ on n'est pas d'accord.

3. «Quand est-ce qu'on va en France?» → Juliette veut savoir _____

   ils vont en France.

4. «À quelle heure est-ce que Nico vient?» → Juliette veut savoir _____

   _____ Nico vient.

5. «Qu'est-ce que Nico fait?» → Juliette demande _____ Nico fait.

6. «Comment est-ce qu'il a réagi?» → Juliette veut savoir _____

   il a réagi.

Merke:

On veut savoir où tu es!

demander se demander vouloir savoir	+	si pourquoi quand où comment combien à quelle heure avec qui ce que/qu'	+ Subjekt + Verb

⚠ Nicolas dit: «Vous m'attendez?» → Nicolas demande si on l'attend.

1 Transforme les phrases. Utilise la question indirecte.

1. «Est-ce que Ben a envoyé un message à sa corres?»

   → La prof veut savoir _____.

2. «Qu'est-ce qu'elle veut manger?»

   → Mon père demande _____

   _____.

3. «Comment est-ce que vous êtes rentrés?»

   → Mon père demande _____.

4. «Quand est-ce que leur train arrive?»

   → Mon père veut savoir _____.

2 Mets les questions au discours indirect.
Utilise les verbes *vouloir savoir* et *demander*.

Il veut savoir …

1. «Est-ce que tout le monde veut une glace?» (*vouloir savoir*)

   Il _____

2. «Comment est-ce que je vais donner mon cadeau à Yasmina?» (*demander*)

   David _____

3. «Qu'est-ce que tu vas faire à Arcachon?» (*demander*)

   On _____

4. «Quand est-ce que le feu d'artifice commence?» (*vouloir savoir*)

   Elles _____ →→→

5. «Où est Lou?» (*demander*)

   Son père _____

6. «Qu'est-ce que les parents vont dire?» (*demander*)

   David _____

7. «Pourquoi est-ce que tu pleures?» (*vouloir savoir*)

   Ma mère _____

8. «Est-ce que tu sais ce que tu veux faire?» (*vouloir savoir*)

   Elle _____

9. «Est-ce que vous pouvez ouvrir la fenêtre?» (*demander*)

   Il _____

Grammaire mixte

3 Qu'est-ce qu'ils veulent savoir? Utilise le discours indirect et les verbes *vouloir savoir* **et** *demander*.

1. Ist der Eiffelturm weit von hier?

2. Wann hat der Louvre geschlossen?

3. Wie komme ich mit der Metro nach Montmartre.

4. Um wie viel Uhr öffnen die Geschäfte?

5. Gibt es ein Feuerwerk am 14. Juli?

6. Was machen wir nach dem Feuerwerk?

7. Wer hat im Louvre gewohnt?

8. Wo ist die rue Lepic?

9. Ist der Park Citroën weit von hier?

10. Wo kann man sich ein bisschen ausruhen?

11. Was kann man im Louvre sehen?

➜➜➜

_____

_____

_____

_____

_____

_____

_____

_____

_____

_____

_____

_____

_____

_____

_____

_____

_____

_____

Il veut savoir
si elle l'aime.

Überprüfe deine Lösungen. Du findest alle Lösungen online unter
www.cornelsen.de/webcodes. Gib dort APLU-1768 ein.

VOLET 1

Le pronom *en* **(local)** | **Das Pronomen** *en* **(lokal) (nicht für Bayern)**

Du ersetzt Ortsangaben mit *de*:

– Quand est-ce que tu sors <u>du collège</u>?
– J'**en** sors vers 17 heures.

Dazu brauchst du:

→ **das Pronomen** *en*

Complète.

1. – Est-ce qu'ils sont revenus <u>de vacances</u>?

   – Oui, ils _____ sont revenus.

2. – Quand est-ce que tu rentres <u>d'Allemagne</u>?

   – J'_____ rentre vendredi.

3. – Manon sort <u>du travail</u> à 18 heures?

   – Non, elle _____ sort à 16 heures.

Du bureau, j'en sors toujours content.

---

1 **De quoi est-ce qu'ils parlent? Complète les phrases.**

1 J'en sors trop triste.

Il sort <u>du travail/</u>

<u>du parc</u>_____.

2 J'en sors fatiguée.

Elle sort _____

_____.

3 Je n'en suis pas sortie trop tard.

Elle sort _____

_____.

4 J'en sors content!

5 Je n'en sors pas avant 17 heures.

6 J'en suis ressortie avec des cadeaux.

Il sort _____ _____ content.

Il ne sort pas _____ _____ avant 17 heures.

Elle est ressortie _____ _____ avec des cadeaux.

Grammaire mixte

2 **Complète le dialogue par les pronoms** *en* **ou** *y.*

– Ah, te voilà! Qu'est-ce que vous avez fait pendant les vacances?

– On a visité Paris, on _____ est revenu hier soir.

– Ça t'a plu, Paris?

– Oui, c'était super, je voudrais _____ retourner.

– Tu as visité le Louvre?

– Non, mais ma mère! Elle _____ est allée deux fois:

chaque fois, elle _____ est entrée vers onze heures

pour _____ sortir vers 18 heures.

– Tu es montée sur la tour Eiffel?

– Oui. J'_____ suis montée deux fois.

– Qu'est-ce que tu as fait d'autre?

– On a pris un ballon au parc Citroën. Quand j'_____

suis descendue, je me suis sentie bizarre.

– Tu es allée dans ce super magasin de jeux vidéo?

– Bien sûr! J'_____ ai dépensé tout mon argent.

Le pronom interrogatif *lequel* | Das Fragepronomen *lequel*

Du fragst nach:

– On a rencontré le fils Durand.
– Lequel?

→ das Fragepronomen *lequel*

Dazu brauchst du:

das Fragepronomen *lequel*

Retrouve les mini-dialogues. Relie.

Tu as lu ce livre génial? **A**

Tu connais cette fille? **B**

On adore ses blagues. **C**

Ces jeunes participent **D**
au projet.

1 Lesquelles?

2 Lesquels?

3 Lequel?

4 Laquelle?

Connaissez-vous cet auteur?

Lequel?

Das Fragepronomen *lequel* steht anstelle eines Nomen/Adjektivs/Adverbs.

Du setzt *lequel* aus einem _____ Artikel und einer Form des

Fragebegleiters _____ zusammen. Das Fragepronomen gleichst du in

_____ und _____ dem _____ an, das es ersetzt.

Merke:

Fragebegleiter (begleitet Nomen)		Fragepronomen (steht allein)
Quel garçon?		Lequel?
Quels films?		Lesquels?
Quelle actrice?		Laquelle?
Quelles copines?		Lesquelles?

1 Complète par la forme du pronom interrogatif *lequel* qui convient.

1 _____ est-ce que j'achète?

les lunettes *f. pl.*

2 _____ est-ce que tu veux voir?

le film

3 _____ est-ce que vous prenez?

les chaussures *f. pl.*

4 _____ est-ce que vous choisissez?

le livre

5 _____ est-ce que tu préfères?

le pull

6 _____ est-ce que tu connais?

les CD *m. pl.*

2 Pose des questions. Utilise la forme du pronom qui convient.

1. – J'adore la chanson de Jonasz.

   – _____?

2. – Tu peux prendre deux livres.

   – _____?

3. – Georgia choisit des robes dans mon armoire.

   – _____?

4. – Tu me présentes tes copines?

   – _____?

5. – Prends une photo, si tu veux.

   – _____?

6. – Je ne comprends pas ton problème.

   – _____

   _____?

VOLET 2

Le présent duratif | **Das** *présent duratif* (*être en train de* **+ Infinitiv**)

Du sagst, dass jemand gerade dabei ist, etwas zu tun:

Elles **sont en train de** se préparer. ➡ *être en train de* **+ Infinitiv**

Dazu brauchst du:

Complète.

1. Qu'est-ce qu'ils _____ faire?

2. Laura _____ envoyer des messages.

3. Quand tu m'as appelé, j'_____ lire.
   (imparfait)

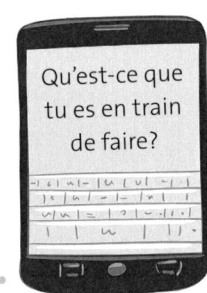

Qu'est-ce que tu es en train de faire?

1 **Fais les dialogues.**

Il faut ranger!

1

regarder • je • un • en • film • de • Mais, • suis • train

_____

_____

2

train • rêver • suis • de • en • Je

_____

3

les • suis • piscine. • train • de • la • Je • dans • mettre • en

Qui s'occupe des poissons?

4

Je • non! • en • suis • Ah, • copine. • d' • train • ma • appeler

Allez, au lit!

5

Valérie. • est • attendre • en • d' • train • Non, • il

Allons voir Paul!

6

Oui, • chansons. • suis • d' • nouvelles • train • en • écrire • je • de

Vous avez des projets?

2 Complète les légendes de l'album de Brandon. Utilise *être en train de* + *infinitif*.

> se baigner – raconter • journée – ranger • tente – jouer • guitare –
> faire • kayak – préparer • repas

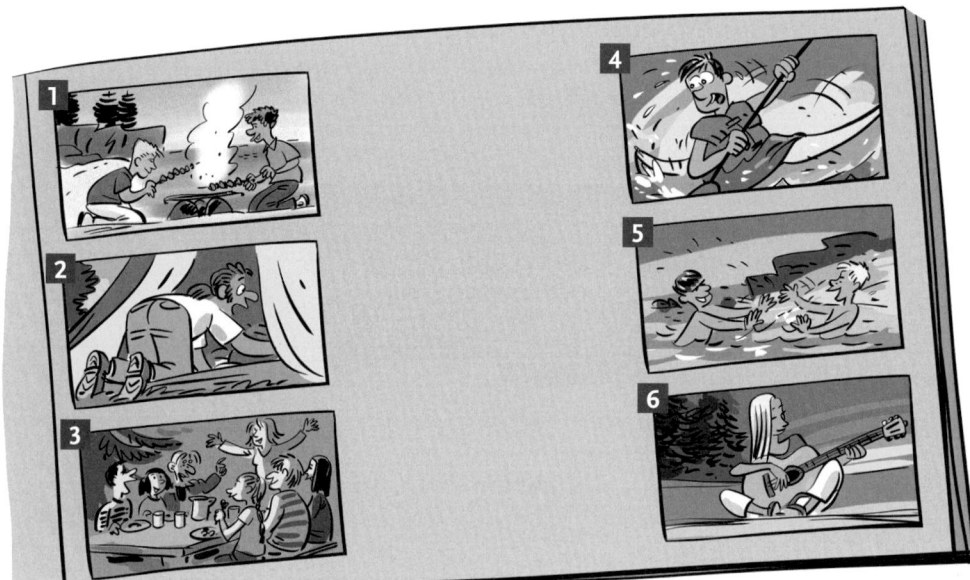

1. Ici, Tim et Félix _____

   _____ .

2. William _____

   _____ .

3. Vous _____

   _____ .

4. Là, je _____

   _____ .

5. Tim et moi, nous _____

   _____ .

6. Là, c'est toi qui _____

   _____ .

Le passé récent | Das *passé récent* (*venir de* + Infinitiv)

Du sagst, dass etwas gerade geschehen ist:

Les corres **viennent de** sortir.

→ *venir de* + **Infinitiv**

Dazu brauchst du:

Complète.

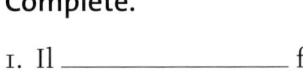

Le film venait de commencer quand mon portable a sonné.

1. Il _____ faire les courses.

2. Elles _____ sortir du restaurant quand il a commencé à pleuvoir.

3. Tu _____ appeler tes parents.

4. Vous _____ finir le dessert quand mamie est arrivée. *(imparfait)*

1 **Fais les phrases. Utilise** *venir de* + *infinitif.*

1 nous • rentrer • colo

tu • lire • mon texto? **2**

William • expliquer • programme de demain **3**

Léo • attraper • poisson • quand • ours • sortir • forêt **4**

on • faire • kayak **5**

6 vous • recevoir • mon message? →→→

1. _____
   _____

2. _____
   _____

3. _____
   _____

4. _____
   _____

5. _____
6. _____
   _____

Grammaire mixte

2 **Fais les phrases. Utilise** *venir de* **+** *infinitif, être en train de* **+** *infinitif* **et** *aller* **+** *infinitif.*

> Le jeune homme vient de quitter l'immeuble, il est en train de courir vers le métro.

1. quitter • immeuble • courir vers • métro • entrer • station Mairie d'Ivry.

   <u>Le jeune homme vient de quitter l'immeuble, il est en train de courir vers</u>

   <u>le métro, il va entrer dans la station Mairie d'Ivry.</u>

2. changer à Châtelet • chercher • sortie • prendre • direction Mairie des Lilas.

_____

_____

_____

3. sortir • métro • entrer • boulangerie • acheter • pain au chocolat

_____

_____

_____

4. finir • sandwich • sortir • carte • prendre • coca

_____

_____

_____

5. taper • numéro • portable • appeler quelqu'un • donner rendez-vous

_____

_____

_____

6. sonner • prendre dans ses bras • femme • entrer • appartement

_____

_____

_____

7. regarder • derrière lui • me dire «Salut» • fermer • porte

_____

_____

_____

Le verbe irrégulier *boire* | Das unregelmäßige Verb *boire*

Du sagst, dass du etwas trinkst:

On **boit** du lait.

→ Dazu brauchst du:

das unregelmäßige Verb *boire*

Complète.

boire (trinken)

je _____

tu _____

il/elle/on _____

nous _____

vous _____

ils/elles _____

impératif _____   _____   _____

imparfait je _____

passé composé j' _____

subjonctif que je _____   ⚠ que nous _____

> Buvons aux vacances!

---

1 **Complète par les formes des verbes *boire*.**

1 Qu'est-ce qu'il _____?

2 Mais, qu'est-ce qu'il _____! *(passé composé)*

3 _____, il fait vraiment chaud!

2 **a** Retrouve les formes du verbe *boire*.

buvonsboisbuvezaibuvaisboitboitboiventbois

_____

_____

b Complète avec les formes du verbe *boire*.

3 Mes enfants _____ du chocolat. À leur âge, j'en _____.

1 Je vais _____
un coca.

2 Qu'est-ce que vous _____,
Madame?

4 Toute la famille _____ quelque
chose, et moi, je ne _____ rien!

5 J'_____ trop
de café ce matin.

6 Qu'est-ce que tu
_____?

7 Nous _____
un thé.

8 Ne _____ pas si
vite!

Grammaire mixte

3 ● Complète les phrases. *Utilise ce qui*, *ce que/qu'* **et les formes du verbe** *boire.*

Karim, qu'est-ce que tu _____ ?

Je ne sais pas encore _____ je vais prendre.

1. – Jérôme et Charlotte, qu'est-ce que vous _____ ?

   – On n'a pas encore décidé _____ on va _____.

2. – J'ai faim. Vous savez _____ il y a sur la carte?

   – Je ne sais pas _____ ils proposent à midi.

   – Moi, je prends _____ il reste.

3. Et moi, je _____ un verre de lait. C'est _____ je préfère.

4. Hier, j'_____ un coca. Aujourd'hui, je _____ un jus de tomate: c'est _____ j'ai toujours voulu essayer.

La formation du *futur simple* | Die Bildung des *futur simple* (nicht für Bayern)

Du sprichst über die Zukunft:

Pendant les vacances, j'**irai** à la mer. ➡ **das** *futur simple*

Dazu brauchst du:

Complète.

	parler	finir	perdre
je	_____	_____	_____
tu	_____	_____	_____
il/elle/on	_____	_____	_____
nous	_____	_____	_____
vous	_____	_____	_____
ils/elles	_____	_____	_____

Merke:
Infinitiv + **-ai**
　　　　-as
　　　　-a
　　　　-ons
　　　　-ez
　　　　-ont

Tu m'achèteras une glace?

➙➙➙

Complète. Attention, ces verbes sont des verbes irréguliers.

Demain, on ira là-bas.

acheter	pouvoir
aller	devoir
amener	vouloir
appeler	voir
répéter	savoir
s'ennuyer	décevoir
envoyer	
payer	

	venir
	courir

avoir	
être	il faut
faire	il pleut

_____ _____

_____ _____

_____ _____

_____ _____

_____ _____

_____ _____

_____ _____

_____ _____

_____ _____

_____ _____

(**1**) **Écris la première personne du pluriel de ces verbes au** *futur simple***.**

> vouloir – jouer – finir – prendre – aller – avoir – être – faire – pouvoir –
> savoir – venir – voir – gagner

nous _____

_____

_____

_____

_____

_____

2 Complète les phrases au *futur simple*.

apprendre – devenir – avoir – être – faire – lire – regarder – dormir

1. Je ne _____ plus la télé jusqu'à minuit.

2. Je _____ mes devoirs tous les jours.

3. Je _____ le premier de la classe.

4. J'_____ des super notes.

5. Je _____ plus sympa avec les autres.

6. Je _____ plus de livres intelligents.

7. J'_____ mieux mes leçons.

8. Je ne _____ plus en classe.

3 Comment sera la vie dans cent ans? Mets les verbes au *futur simple*.

Vous _____ (*voir*), mesdames et messieurs, beaucoup de choses

_____ (*changer*), d'autres pas. Dans vingt ans, il y

_____ (*avoir*) beaucoup de problèmes. Le chômage[1]

_____ (*être*) le problème numéro un. Beaucoup de gens

n'_____ (*avoir*) plus de travail, mais les gens qui

_____ (*travailler*) _____ (*devoir*) travailler de plus

en plus et ils n'_____ (*avoir*) plus de vacances. Nous ne

_____ (*manger*) plus les mêmes choses.

→→→

On ne _____ (trouver) plus de fruits ni de légumes sur les

marchés. Alors, on _____ (acheter) des pilules[2]. Et l'eau

_____ (être) très chère. Les gens ne _____

(prendre) plus leur voiture. Ils _____ (faire) leurs courses à vélo.

On _____ (inventer) de nouveaux médicaments[3] et les gens

_____ (vivre) plus longtemps. Les enfants n'_____

(aller) plus à l'école. Ils _____ (apprendre) à la maison et

_____ (parler) à leurs profs sur Internet.

1 **le chômage** Arbeitslosigleit   2 **la pilule** Pille   3 **le médicament** Arzneimittel

(4)   **Complète les phrases. Utilise le même verbe au** *futur simple***.**

1. Je ne peux pas te répondre maintenant

   mais je te _____

   demain.

2. Nous ne pouvons pas venir tout de

   suite mais nous _____

   cet après-midi.

3. Tu n'as pas reçu de réponse? Tu la

   _____ sûrement

   demain.

4. Vous n'avez pas fini votre présentation? Vous la _____ plus

   tard.

Aujourd'hui, il ne fait pas très beau

mais demain il _____ beau.

Grammaire mixte

5 **a** **Fais des phrases. Utilise le** *présent*.

avoir (2 x) – vivre – pouvoir – connaître

1. Aujourd'hui, Hugo

   _____ à Marseille.

2. Il _____ beaucoup

   d'amis.

3. Il _____ tout le

   monde.

4. Il _____ l'air sûr de lui.

5. Il _____ faire le guide à Marseille.

b **Transforme les phrases de a. Utilise le** *futur simple*.

1. <u>Dans quatre mois, Hugo</u> _____ (*Montréal*)

2. _____ (*ne pas encore*)

3. _____ (*ne pas*)

4. _____ (*ne pas*)

5. _____ (*ne pas à Montréal*)

   _____

La condition réelle | Der reale Bedingungssatz

Du nennst eine reale Bedingung:

Si je **peux**, je **passerai** une année au Québec.
Si tu n'**arrêtes** pas, je **pars**!

Dazu brauchst du:

→ **den reale Bedingungssatz**

Complète.

1. S'il travaille beaucoup, il

    _____. (*réussir*)

2. Si elles s'entraînent souvent, elles

    _____ mieux. (*parler*)

3. Si tu rates le bus, tu _____ en retard. (*être*)

Merke:

Nebensatz mit *si*:

_____

Hauptsatz:

_____

Si je fais du sport chaque jour, je serai comme lui.

---

1 **Retrouve l'ordre des mots et fais les phrases.**

1. elle • ses • offriront • passe • vélo. • lui • troisième, • parents • un • en • Si

    _____

    _____

2. ping-pong. • vite, • nos • on • de • devoirs • aura • temps • finit • le • jouer • au • Si • on

    _____

3. Si • collège. • rate • en • le • arrivera • bus, • on • retard • on • au

    _____

    _____

4. comprends • tu • aiderai. • ne • pas • exercice, • t' • cet • Si • je

_____

_____

5. à • bus. • j' • il • irai • école • demain, • en • pleut • l' • S'

_____

_____

2 **Complète les phrases.**

1
Si tu n'_____ pas devant le collège à quatre heures, je _____ sans toi.

être • partir

2
Si vous _____ me voir dimanche, je vous _____ un gâteau.

venir • faire

3
Je t'_____ ici à trois heures s'il ne _____ pas.

attendre • pleuvoir

4
Pendant les vacances, on _____ en Camargue avec des amis s'ils _____ venir avec nous.

aller • pouvoir

5
Vous _____ si vous _____ sérieusement.

réussir • travailler

6
Si vous _____ plus attention, vous _____ de meilleurs résultats.

faire • avoir

Grammaire mixte (nicht für Bayern)

3 ● Fais les phrases. Utilise la condition réelle.

2 tu • vouloir – nous • rentrer

3 nous • avoir le temps – on • prendre • bateau

4 nous • faire – pleuvoir?

1 faire beau – on • visiter • Île Saint-Louis

5 nous • aller • musée Rodin – être ouvert

6 nous • aller • théâtre – y avoir • places

1. S'il fait beau, on visitera l'Île Saint-Louis. _____

2. _____

3. _____

_____

4. _____

_____

5. _____

_____

6. _____

_____

4 Complète les phrases. Traduis les verbes et mets-les à la forme qui convient.

1. Si Romain _____ une bonne note, ses grands-parents lui

   _____ 20 euros. (haben, schenken)

2. Si Romain ne _____ pas un effort avec Mylène, les vacances

   en famille _____ l'horreur! (machen, sein)

3. Si Éléna _____ avec Mylène et son père en vacances, Romain

   _____ du temps pour lui. (fahren, haben)

4. Si Sabrina et Marion n'_____ pas pendant le cours, elles ne

   _____ pas répondre aux questions de l'interro. (zuhören,

   können)

5. Si Martin ne _____ pas,

   il ne _____ pas sa

   troisième. (arbeiten, gelingen)

6. Si Tom et Brandon _____

   le temps, ils _____ un message à Romain. (haben, schicken)

7. Si Romain n'_____ pas plus souvent à son corres, il

   _____ vite son allemand. (schreiben, vergessen)

5 *Quand* ou *si*? Traduis en français.

si-**Satz**	**Hauptsatz**
présent	*futur simple ou présent*

1. Wenn ich kann, werde ich dich anrufen.

   _____

2. Ruf mich an, wenn du aus der Schule kommst!

   _____

3. Wenn du meine Region entdecken wirst, wird sie dir sehr gefallen.

   _____

4. Wenn du willst, werden wir in den Ferien ans Meer fahren.

_____

_____

5. Wenn wir am Meer sein werden, werden wir baden.

_____

6. Wenn du in der „troisième" sein wirst, wirst du dein Praktikum machen.

_____

7. Wenn du den Wettbewerb gewinnst, darfst du auch allein mit deinen Freunden
   Urlaub machen.

_____

_____

8. Wenn du daran denkst, schreib mir eine Karte.

_____

9. Wenn du aus dem Urlaub
   zurückkommen wirst, wird
   hier Herbst sein.

   _____

   _____

   _____

**Überprüfe deine Lösungen. Du findest alle Lösungen online unter
www.cornelsen.de/webcodes. Gib dort APLU-1768 ein.**